Koordinatives Handballtraining mit unterschiedlichen Geräten
6 abwechslungsreiche Trainingseinheiten mit 44 Einzelübungen

Vorwort

Liebe Leserinnen und Leser,

handball-uebungen.de konnte mit Felix Linden, A- Lizenz-Inhaber und zertifizierter DHB Nachwuchstrainer Leistungssport, einen neuen Autoren gewinnen, der in diesem Buch zum ersten Mal sein Verständnis von abwechslungsreichem und zielgerichtetem Handballtraining darstellt. Sechs verschiedene handballspezifische Themen werden in sechs Trainingseinheiten bearbeitet. Diese zeichnen sich dadurch aus, dass jeweils ein in der Halle vorhandenes Kleingerät oder ein gängiges Spielgerät (Würfel oder Kartenspiel) den Rahmen der Trainingseinheit bildet. Kombiniert mit dem gängigen Hallenequipment werden dadurch die handballerischen Inhalte immer wieder mit neuen Anforderungen gekoppelt, so dass das Training abwechslungsreich gestaltet werden kann. Ob mit einem Kartenspiel, einem Würfel, Luftballons, Leibchen, kleinen Turnmatten oder Turnreifen, stets zeigt sich die Vielfältigkeit der Geräte in den gesammelten Übungen. Die Trainingseinheiten sollen so zu Kreativität und eigenen Ideen anregen und viele Beispiele zeigen, wie sich mit einfachen Hilfsmitteln wiederkehrende Inhalte immer wieder neu verpacken lassen und so der Spaß im Training erhöht wird.

Folgende Trainingseinheiten sind in diesem Buch enthalten:
- Gegenstoßtraining mit Spielkarten
- Koordinationstraining mit Luftballons
- Wurfserien und Reaktionstraining mit Vorgaben durch Würfelergebnisse
- Wurfserien und Gegenstöße mit koordinativen Zusatzübungen in Reifen
- Schulung der Wahrnehmung und schneller Reaktionen durch Signale mit Leibchen
- Angriffstraining mit koordinativen Elementen auf dünnen Turnmatten

Für einen besonderen Menschen. R.S. aus V.

Vielen Dank an die männliche A- und B-Jugend des ATV Biesel und an Co-Trainer Thomas Otten.

Koordinatives Handballtraining mit unterschiedlichen Geräten
6 abwechslungsreiche Trainingseinheiten mit 44 Einzelübungen

Inhaltsverzeichnis:

Vorwort

1. Einleitung

2. Trainingseinheiten
   - Nr. 1: Gegenstoßtraining mit Spielkarten
   - Nr. 2: Koordinationstraining mit Luftballons
   - Nr. 3: Wurfserien und Reaktionstraining mit Vorgaben durch Würfelergebnisse
   - Nr. 4: Wurfserien und Gegenstöße mit koordinativen Zusatzübungen in Reifen
   - Nr. 5: Schulung der Wahrnehmung und schneller Reaktionen durch Signale mit Leibchen
   - Nr. 6: Angriffstraining mit koordinativen Elementen auf dünnen Turnmatten

3. Über die Autoren

4. Weitere Bücher des Verlags

Impressum
1. Auflage (26.07.2017)
Verlag: DV Concept
Autoren: Felix Linden, Jörg Madinger
Design und Layout: Jörg Madinger, Elke Lackner
ISBN: 978-3-95641-187-8

Diese Publikation ist im Katalog der **Deutschen Nationalbibliothek** gelistet, bibliografische Daten können unter http://dnb.de aufgerufen werden.

Das Werk und seine Bestandteile sind urheberrechtlich geschützt. Nachdruck, auch fotomechanische Vervielfältigung jeder Art, Einspeicherung bzw. Verarbeitung in elektronischen Systemen bedarf des schriftlichen Einverständnisses des Verlags.

1. Einleitung

Gerade im Jugendbereich stellt es eine hohe Anforderung an den Trainer dar, Inhalte im Training immer wieder neu zu verpacken und so das Training abwechslungsreich und teilweise auch spielerisch zu gestalten.

Zudem sollte gerade in diesem Alter ein breites Spektrum an verschiedenen, auch sportartübergreifenden, Bewegungsmustern angeboten werden, um die Koordination weiter zu fördern und den Körper im Ganzen auf die Belastungen vorzubereiten.

Die vorliegenden sechs Trainingseinheiten nutzen dafür entweder Geräte aus der Halle oder kleine Spielgeräte. Diese ermöglichen durch ihre eigene Charakteristik die Kopplung der handballspezifischen Inhalte mit den geräteeigenen Anforderungen und Möglichkeiten und erhöhen so den Trainingsanreiz und den Spaß an den Trainingseinheiten.

Spielkarten und Würfel arbeiten dabei vor allem mit dem Zufall, der in offenen Situationen zum Tragen kommt. Auch die ungezielte Vorgabe von Handlungsoptionen, lässt sich durch diese Geräte speziell gestalten.

Das Leibchen bietet dem Trainer die Möglichkeit, Handlungsoptionen gezielt vorzugeben, die Spieler entsprechend zu steuern und deren Wahrnehmung zu verbessern.

Der Luftballon stellt vor allem hohe Anforderungen an die Koordination und bietet deshalb viele Möglichkeiten zur Arbeit im Bereich Auge-Handkoordination, oder auch Auge-Fußkoordination, während der Reifen das Training der Beinarbeit unterstützt.

Ein sehr vielfältiges Gerät stellt die kleine Turnmatte dar, sie kann bei Kräftigungs- und Koordinationsübungen genauso verwendet werden, wie als Ziel für Wettkämpfe.

Lassen Sie sich inspirieren von den sechs von Felix Linden ausgearbeiteten Trainingseinheiten und bringen Sie immer wieder eigene Ideen in Ihr Training ein!

Schwierigkeitseinstufung der Trainingseinheiten:
- ★ Einfache Anforderung (alle Jugend-Aktivenmannschaften)
- ★★ Mittlere Anforderung (geeignet ab C-Jugend bis Aktive)
- ★★★ Höhere Anforderung (geeignet ab B-Jugend bis Aktive)
- ★★★★ Intensive Anforderung (geeignet für Leistungsbereiche)

Die vorliegenden Trainingseinheiten bieten sich vor allem für den Jugendbereich ab C-Jugend an, können aber auch bis zu den Aktiven für Abwechslung im Trainingsalltag sorgen.

2. Trainingseinheiten

Nr.: 1	Gegenstoßtraining mit Spielkarten		★★	90
Startblock		**Hauptblock**		
X	Einlaufen/Dehnen		Angriff / individuell		Sprungkraft
	Laufübung	X	Angriff / Kleingruppe	X	Sprintwettkampf
	Kleines Spiel		Angriff / Team		Torhüter
	Koordination	X	Angriff / Wurfserie		
	Laufkoordination		Abwehr /Individuell		**Schlussblock**
	Kräftigung		Abwehr / Kleingruppe	X	Abschlussspiel
X	Ballgewöhnung		Abwehr / Team		Abschlusssprint
X	Torhüter einwerfen		Athletiktraining		
			Ausdauertraining		

Legende:

X	Hütchen
▲1	Angreifer
●1	Abwehrspieler
(Ballkiste-Symbol)	Ballkiste
(kleine Kiste)	kleine Turnkiste
(große Kiste)	Großer Turnkasten

Benötigt:
→ 3 kleine Turnkisten, 1 großer Turnkasten, 1 Kartenspiel,
6 Hütchen, 2 Ballkisten mit ausreichend Bällen.

Beschreibung:
Ziel der vorliegenden Trainingseinheit ist das Training des schnellen Gegenstoßes 1gegen0, 2gegen2 und 4gegen4. Ein Kartenspiel wird in allen Übungen genutzt, um zusätzliche Anreize in die Übungen einzubringen. Nach der Erwärmung folgen ein Kartensammelwettkampf und ein kleiner Wurfwettkampf zur Ballgewöhnung. Beim Torhüter einwerfen und den beiden folgenden Gegenstoßübungen geben die Karten die Ecken oder die Wurfpositionen vor. Das Training schließt ab mit freiem Spiel im Gegenstoß zunächst 2gegen2, dann 4gegen4, wobei die Schwierigkeit durch offene Situationen mit Hilfe der Spielkarten erhöht wird.

Insgesamt besteht die Trainingseinheit aus folgenden Schwerpunkten
- Einlaufen/Dehnen (Einzelübung: 10 Minuten / Trainingsgesamtzeit: 10 Minuten)
- Sprintwettkampf (10/20)
- Ballgewöhnung (10/30)
- Torhüter einwerfen (10/40)
- Angriff/Wurfserie (10/50)
- Angriff/Wurfserie (10/60)
- Angriff/Kleingruppe (15/75)
- Abschlussspiel (15/90)

Gesamtzeit der Trainingseinheit: 90 Minuten

Koordinatives Handballtraining mit unterschiedlichen Geräten
6 abwechslungsreiche Trainingseinheiten mit 44 Einzelübungen

| Nr.: 1-1 | Einlaufen/Dehnen | 10 | 10 |

Aufbau:
- In den 6-Meter-Räumen wird jeweils eine kleine Turnkiste aufgestellt und Spielkarten werden verdeckt darauf ausgelegt (etwa die gleiche Anzahl rote und schwarze Karten, mindestens so viele Karten wie die Spieleranzahl im Training).

Ablauf:
- Die Spieler teilen sich auf die 6-Meter-Räume auf und starten jeweils an der kleinen Turnkiste.
- Auf Kommando des Trainers schaut sich jeder Spieler eine Karte an und legt sie verdeckt wieder auf die Turnkiste.
- Während die Spieler die Karten anschauen, gibt der Trainer die Laufbewegungen für den nächsten Durchgang bekannt, z. Bsp.:
    o Rot: vorwärtslaufen und Armkreisen.
    o Schwarz: rückwärtslaufen und Hampelmannbewegungen mit den Armen machen.
- Die Spieler laufen in der Laufvariante, die der von ihnen angeschauten Karte entspricht, in den gegenüberliegenden 6-Meter-Raum.
- Beim nächsten Kommando des Trainers schauen die Spieler sich wieder eine Karte an und laufen nach der neuen Vorgabe wieder auf die andere Seite.
- Usw.

Mögliche Vorgaben für die Laufbewegungen:
- Hopserlauf und beide Arme vorwärts / rückwärts / gegengleich kreisen.
- Sidesteps und Roboterbewegung (die Arme schnell vor dem Körper auf und ab bewegen).
- Kniehebelauf, die Arme dabei locker mitnehmen.
- Beim Laufen anfersen, die Arme seitlich ausgestreckt auf und ab bewegen.
- Mit einem Bein anfersen, das andere Bein beim Laufen vorne nach oben ziehen.
- Vorwärtslaufen und bei jedem fünften Schritt abwechselnd seitlich den Boden mit den Händen berühren.

Gemeinsam in der Gruppe dehnen.

Nr.: 1-2	Sprintwettkampf	10	20

Aufbau:
- Ein Kartenspiel im Feld vor der Mittellinie verteilen, die Karten verdeckt auslegen.
- Drei Mannschaften bilden und für jede Mannschaft eine kleine Turnkiste im 6-Meter-Raum als Ziel aufstellen.
- Jeder Mannschaft wird eine Kartenfarbe zugeordnet (Herz, Karo, Pik oder Kreuz, eine Farbe bleibt frei).

Ablauf:
- Auf Kommando des Trainers starten die ersten Spieler jeder Mannschaft, sprinten (A) zu den Karten und drehen eine Karte um (B).
- Ist die Karte von der Farbe, die der Mannschaft zugeordnet ist, nimmt der Spieler die Karte mit. Hat die Karte eine andere Farbe, wird sie verdeckt wieder zurückgelegt und der Spieler sprintet ohne Karte zurück.
- Die Spieler laufen zurück (C) und schlagen den nächsten Spieler ab, der den Ablauf wiederholt.
- Richtige Karten werden auf der kleinen Turnkiste gesammelt (D).
- Welche Mannschaft hat als erstes alle Karten einer Farbe (7, 8, 9 ,10, B, D, K, Ass) eingesammelt?

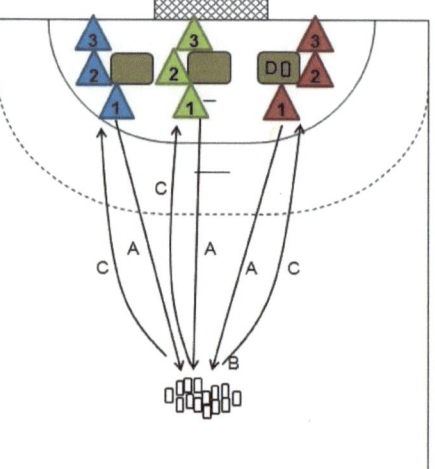

Bild 1

Bild 2

⚠ Jeder Spieler darf in jedem Durchgang nur eine Karte anschauen und mitnehmen.

| Nr.: 1-3 | Ballgewöhnung | 10 | 30 |

Aufbau:

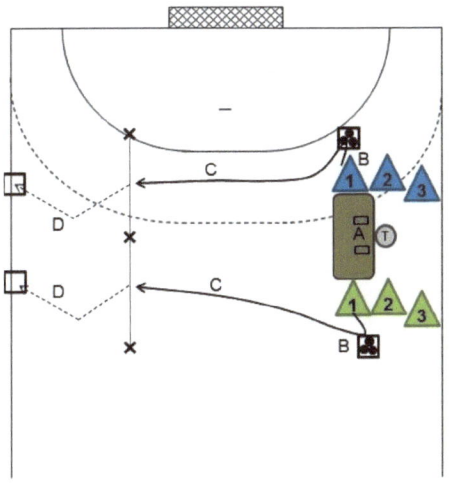

- Aus einem Kartenspiel zwei Stapel bilden und diese verdeckt auf einem großen Turnkasten auslegen.
- Als Ziele zwei umgedrehte kleine Turnkisten an die Hallenwand stellen (s. Bild 2).
- Eine Abwurflinie definieren und mit Hütchen markieren.
- Zwei Mannschaften bilden und jeder Mannschaft einen Kartenstapel zuweisen.

Ablauf:

- Die ersten Spieler jeder Mannschaft (1 und 1) starten links und rechts neben dem Kasten stehend.
- Der Trainer deckt gleichzeitig von jedem Kartenstapel jeweils die oberste Karte auf (A).
- 1 und 1 nehmen (B) dann je nach Kartenfarbe einen Ball (wenn die Karte vom eigenen Stapel rot zeigt) oder zwei Bälle (wenn die Karte vom eigenen Stapel schwarz zeigt) aus der Ballkiste und laufen entsprechend mit einem oder mit beiden Bällen prellend zur Abwurflinie (C).
- Von der Linie versuchen sie mit den verfügbaren Bällen, im Aufsetzer in den kleinen Kasten zu treffen (D). Jeder Treffer ergibt für die Mannschaft einen Punkt.
- Die Spieler sammeln die eigenen Bälle wieder ein, laufen zurück und legen die Bälle wieder in die Ballkiste.
- Nach dem letzten Wurf startet der Ablauf für die nächsten beiden Spieler, indem der Trainer wieder die beiden obersten Karten aufdeckt.
- Welche Mannschaft erzielt mehr Punkte, bis der Kartenstapel komplett abgearbeitet ist?

⚠ Beim Wurf auf die Kisten darf die Hallenwand zu Hilfe genommen werden.

| Nr.: 1-4 | Torhüter einwerfen | 10 | 40 |

Aufbau:
- Die Ecken des Tores werden je einer Kartenfarbe (Pik, Kreuz, Herz und Karo) zugeordnet (s. Bild 1).

Ablauf:
- Der Trainer zeigt dem Torhüter in schneller Abfolge drei Karten (A).
- Der Torwart geht danach sofort ins Tor und berührt die drei zu den Karten passenden Ecken (Bild 2) in der Reihenfolge, in der die Karten gezeigt wurden (B).
- Sofort nach der letzten Ecke geht der Torhüter in die Tormitte und wirft in die erste vom Torhüter berührte Ecke (C),  wirft etwas zeitversetzt in die zweite Ecke, in die dritte Ecke.
- Der Torhüter hält die geworfenen Bälle jeweils aus der Tormitte heraus.
- Dann zeigt der Trainer die nächsten drei Karten, der Torhüter berührt wieder die Ecken und bekommt dann die entsprechenden Würfe von , und .
- Usw.

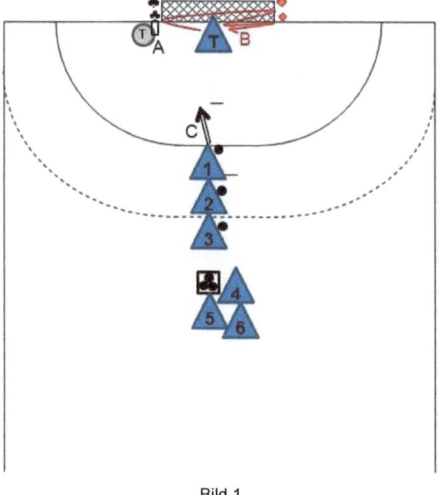

Bild 1

Bild 2

⚠ Die Spieler müssen darauf achten, welche Ecken der Torhüter nacheinander berührt und dann in der gleichen Reihenfolge in diese drei Ecken werfen.

| Nr.: 1-5 | Angriff / Wurfserie | 10 | 50 |

Aufbau:
- Einen Kartenstapel verdeckt auf einem großen Turnkasten auslegen.
- Die Ecken des Tores werden je einer Kartenfarbe (Pik, Kreuz, Herz und Karo) zugeordnet.

Ablauf:
- Der Trainer deckt die oberste Karte auf dem großen Turnkasten auf (A) und gibt dadurch das Startkommando für 1 (Bild 2).
- 1 läuft zum Kasten (B), schaut sich die Karte an, läuft in den Konter (C) und bekommt von T2 den Ball in den Lauf (D).
- 1 schließt mit Wurf ab (E). 1 wirft dabei in die Ecke, die der Kartenfarbe der gezeigten Karte entspricht.
- Dann dreht der Trainer die nächste Karte um und gibt das Kommando für 2, usw.

⚠ Die Spieler sollen optimal anlaufen, sodass der Wurf in die festgelegte Ecke möglich ist, der Torhüter aber nicht bereits am Anlauf erkennt, in welche Ecke der Schütze werfen möchte.

⚠ Nach der Hälfte der Zeit die Torhüter wechseln.

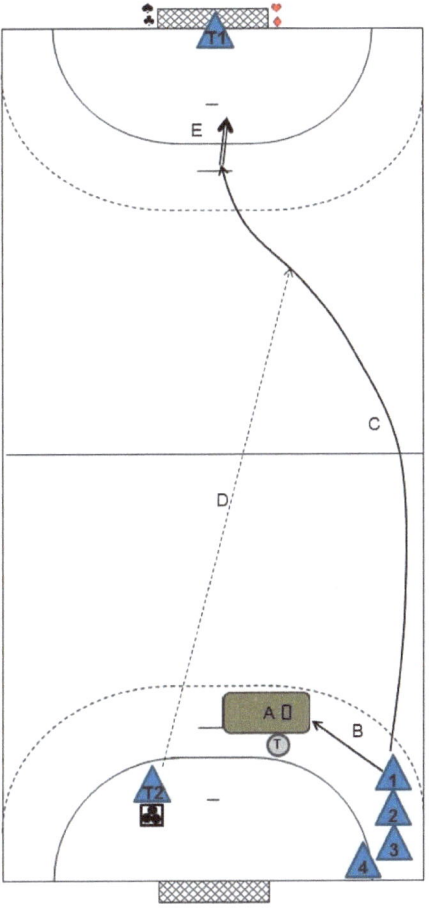

Bild 1

Bild 2

Koordinatives Handballtraining mit unterschiedlichen Geräten
6 abwechslungsreiche Trainingseinheiten mit 44 Einzelübungen

Nr.: 1-6	Angriff / Wurfserie	10	60

Aufbau:
- Einen Kartenstapel verdeckt auf einem großen Turnkasten auslegen.
- An der gegenüberliegenden 6-Meter-Linie mit Hütchen vier Korridore markieren und den Kartenfarben Herz, Karo, Kreuz und Pik zuordnen (siehe Bild).
- Vor dem anderen Tor zwei Hütchen aufstellen und ausreichend Bälle im Tor verteilen.

Ablauf:
- Der Trainer deckt die oberste Karte auf dem großen Turnkasten auf (A) und gibt das Kommando für 1 und T2.
- 1 läuft zum Turnkasten (B), schaut sich die Karte an und startet in den Konter (D). Die Kartenfarbe bestimmt, in welchem Korridor 1 werfen soll, 1 passt seinen Laufweg entsprechend an.
- T2 startet beim Kommando ebenfalls, berührt einmal jedes der beiden Hütchen vor dem Tor (C) und holt dann einen Ball aus dem Tor.
- T2 dreht sich, erkennt den Laufweg von 1, positioniert sich optimal (E) und passt 1 in den Lauf (F).
- 1 schließt im von der Kartenfarbe bestimmten Korridor mit Wurf ab (G).
- Dann dreht der Trainer die nächste Karte um und gibt das Startkommando für 2 und T2.

⚠ T2 soll sich sofort nach dem Holen des Balles orientieren, wie der Werfer läuft und seine Stellung dann so verändern, dass er den Pass in den Lauf spielen kann.

⚠ Nach der Hälfte der Zeit die Torhüter wechseln.

| Nr.: 1-7 | Angriff / Kleingruppe | 15 | 75 |

Aufbau:
- In der Mitte eine kleine Turnkiste aufstellen. Zwei Kartenstapel verdeckt darauf auslegen.
- Jeden 6-Meter-Raum durch ein Hütchen in zwei Seiten teilen. Die entstehenden vier Spielfelder werden den vier Kartenfarben zugeordnet.
- Auf beiden Seiten an der Mittellinie und ca. drei Meter vor der Mittellinie je ein Hütchen aufstellen (s. Bild).
- Zwei Mannschaften bilden, jeder Mannschaft wird ein Kartenstapel zugeordnet.

Ablauf:
- Zwei Spieler jeder Mannschaft postieren sich um die kleine Turnkiste, ein Ball wird auf der Kiste abgelegt.
- Der Trainer dreht von beiden Kartenstapeln je eine Karte um (A).
- Die Mannschaft mit der höheren Karte ist im Angriff (hier 1 und 2).
- Die Kartenfarbe der niedrigeren Karte bestimmt, auf welches Spielfeld gespielt wird (hier im Beispiel Pik).
- Ein Angreifer berührt das gegen die Spielrichtung hintere Hütchen (B), der andere das Hütchen an der Seitenauslinie (C). Dann starten 1 und 2 den Angriff (F, G und H), 1 und 2 spielen in der Abwehr dagegen (D und E).

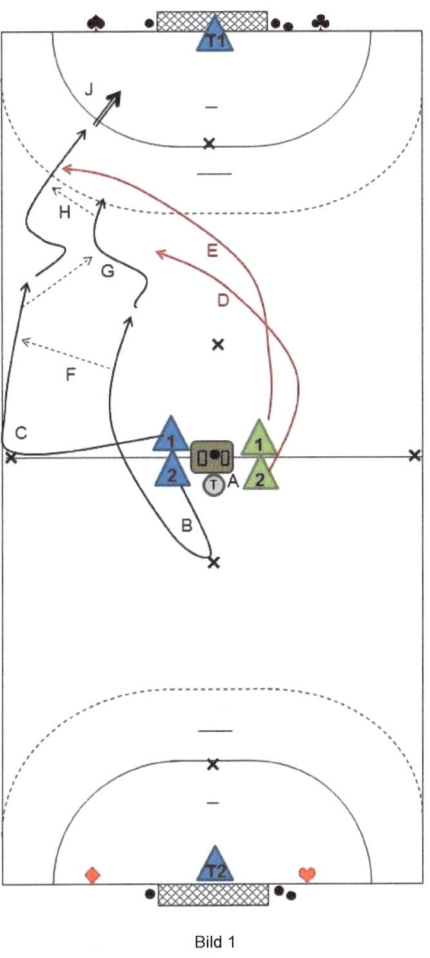

Bild 1

- Nach Torwurf (J) oder Ballgewinn durch die Abwehr, starten 1 und 2 sofort in den Gegenstoß auf die andere Seite (K, L, M und P) und spielen im 2gegen2 den Konter gegen 1 und 2 (N und O) bis zum Torwurf (Q).
- Danach beginnt der Ablauf mit den nächsten zwei Spielern je Mannschaft von vorne.

⚠️ Beim Gegenstoß bleiben die Spieler im gleichen Längsstreifen wie im vorherigen Ablauf (im Beispiel wird zunächst auf Pik gespielt, der Gegenstoß muss im Bereich Karo abgeschlossen werden).

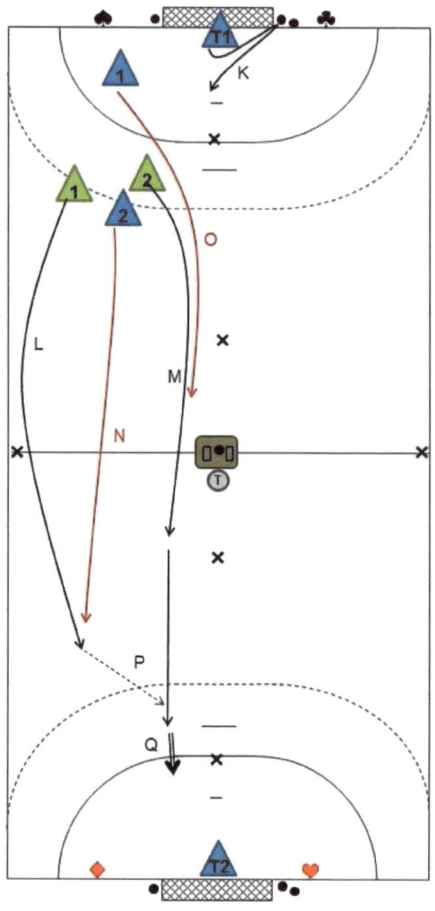

Bild 2

Koordinatives Handballtraining mit unterschiedlichen Geräten
6 abwechslungsreiche Trainingseinheiten mit 44 Einzelübungen

Nr.: 1-8	Abschlussspiel	15	90

Aufbau:
- In der Mitte eine kleine Turnkiste aufstellen. Zwei Kartenstapel verdeckt darauf auslegen. Jeder Mannschaft wird ein Kartenstapel zugeordnet
- Die beiden Tore werden den beiden Farben ROT und SCHWARZ zugeordnet.
- Auf beiden Seiten an der Mittellinie je ein Hütchen aufstellen.
- Zwei Mannschaften bilden, die ersten vier Spieler jeder Mannschaft verteilen sich auf die Positionen wie im Bild zu sehen.

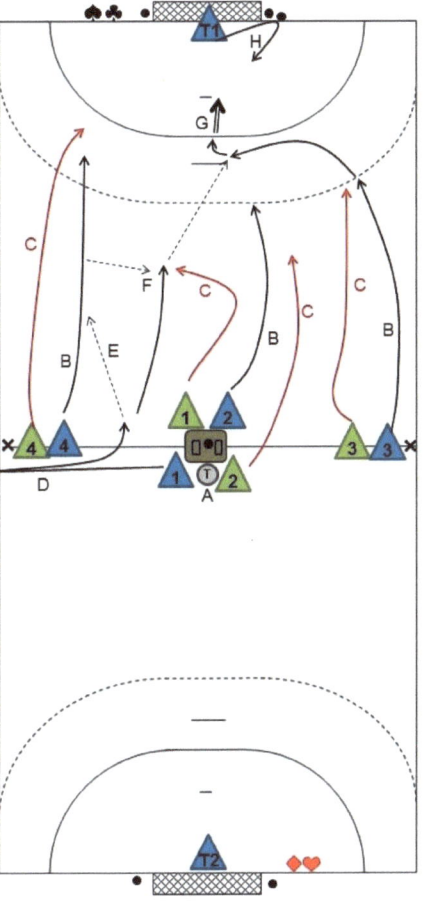

Ablauf:
- Der Trainer dreht von beiden Kartenstapeln je eine Karte um (A).
- Die Mannschaft mit der höheren Karte ist im Angriff (hier blau).
- Die Kartenfarbe der höheren Karte bestimmt, auf welche Seite gespielt wird (hier schwarz).
- Ein Spieler am Kasten der angreifenden Mannschaft nimmt den Ball auf (1).
- Die anderen Spieler starten direkt auf die entsprechende Seite (B bzw. C).
- 1 läuft zu einer Seitenlinie, berührt diese mit dem Fuß (D) und leitet dann das Spiel 4gegen4 ein. Es wird frei bis zum Torabschluss oder Ballverlust (E bis G) gespielt.
- Nach dem Abschluss holt T1 sofort den nächsten Ball (H) und es wird ein Gegenstoß auf die andere Seite gespielt (nicht im Bild), die bisherige Abwehr ist dann im Angriff (⚠ Turnkiste und Trainer müssen in der Mitte umlaufen werden).
- Bei Ballverlust startet die Abwehr sofort in den Gegenstoß.
- Dann startet der Ablauf erneut.
- Welche Mannschaft erzielt mehr Tore?

Koordinatives Handballtraining mit unterschiedlichen Geräten
6 abwechslungsreiche Trainingseinheiten mit 44 Einzelübungen

Nr.: 2		Koordinationstraining mit Luftballons			★★	90
Startblock		**Hauptblock**				
X	Einlaufen/Dehnen		Angriff / individuell	X	Wurfwettkampf	
	Laufübung	X	Angriff / Kleingruppe	X	Sprintwettkampf	
	Kleines Spiel		Angriff / Team		Torhüter	
	Koordination	X	Angriff / Wurfserie			
	Laufkoordination		Abwehr /Individuell		**Schlussblock**	
	Kräftigung		Abwehr / Kleingruppe		Abschlussspiel	
X	Ballgewöhnung		Abwehr / Team		Abschlusssprint	
X	Torhüter einwerfen		Athletiktraining			
			Ausdauertraining			

Legende:

✗ Hütchen

△ 1 Angreifer

◯ 1 Abwehrspieler

▦ Ballkiste

▭ dünne Turnmatte

▬ Turnbank

◯ Luftballon

Benötigt:
➔ 1 Luftballon je Spieler, 9 Hütchen, 4 Turnbänke, 2 dünne Turnmatten, 2 Ballkisten mit ausreichend Bällen.

Beschreibung:
Die Trainingseinheit bietet durch Verwendung von Luftballons in jeder Übung vielfältige Anforderungen an die koordinativen Fähigkeiten. Im Einlaufen und in einem Sprintspiel können die Spieler sich mit dem Luftballon vertraut machen, bevor in der Ballgewöhnung Pässe mit dem Handball unter Kontrolle des Ballons gefordert werden. Nach dem Torhüter einwerfen folgen zwei Wurfserien, in denen der Ballon auch in der Zusammenarbeit kontrolliert werden muss, wodurch auch das Gefühl für das richtige Timing geschult wird. Zwei Spiele im 2gegen2 bzw. 4gegen4 runden die Trainingseinheit ab.

Insgesamt besteht die Trainingseinheit aus folgenden Schwerpunkten
- Einlaufen/Dehnen (Einzelübung: 10 Minuten / Trainingsgesamtzeit: 10 Minuten)
- Sprintwettkampf (10/20)
- Ballgewöhnung (10/30)
- Torhüter einwerfen (10/40)
- Angriff/Wurfserie (15/55)
- Wurfwettkampf (10/65)
- Angriff/Kleingruppe (10/75)
- Angriff/Kleingruppe (15/90)

Gesamtzeit der Trainingseinheit: 90 Minuten

Nr.: 2-1	Einlaufen/Dehnen	10	10

Aufbau:
- Jeder Spieler bekommt einen Luftballon.

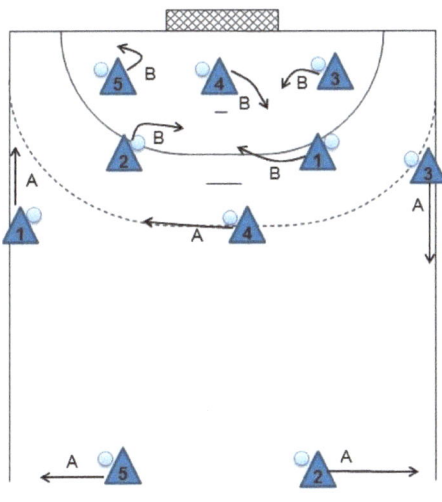

Ablauf 1 (A):
- Die Spieler laufen durch das Feld. Sie sollen dabei möglichst auf den eingezeichneten Linien auf dem Hallenboden entlanglaufen (A).
- Es werden verschiedene Aufgaben mit dem Luftballon durchgeführt:
    o Die Spieler halten den Ballon beim Laufen mit der Wurfhand hoch (immer wieder mit der Hand leicht nach oben anstoßen).
    o Die Spieler halten den Ballon beim Laufen mit der Nicht-Wurfhand hoch.
    o Die Spieler führen den Ball mit einer Hand. Der Ball liegt auf der flachen Hand und soll diese so wenig wie möglich verlassen.
    o Die Spieler halten den Ball hoch, indem sie ihn abwechselnd mit der Wurfhand und der Nicht-Wurfhand leicht nach oben schlagen.
- Wenn zwei Spieler sich treffen, tauschen sie die Ballons, ohne einen Ballon mit beiden Händen fassen zu müssen.

Ablauf 2 (B):
- Die Spieler laufen im 9-Meter-Raum (B).
- Sie halten beim Laufen ihren Luftballon hoch, indem sie ihn in einem bestimmten Rhythmus mit verschiedenen vorgegebenen Körperteilen berühren.

    o Beispiel 1: linke Hand, rechte Hand, linker Fuß, rechter Oberschenkel, linke Hand usw.
    o Beispiel 2: linke Hand, rechter Fuß, linker Oberschenkel, rechte Schulter, linke Hand usw.
    o Beispiel 3: Linker Fuß, rechter Fuß, linke Hand, linke Schulter, rechte Hand, Kopf, rechte Hand, linker Fuß usw.

| Nr.: 2-2 | Sprintwettkampf | 10 | 20 |

Aufbau:
- Mannschaften bilden (max. drei Spieler pro Mannschaft), jede Mannschaft hat einen Handball und einen Luftballon.
- Je Mannschaft drei Hütchen zur Markierung einer Slalomstrecke aufstellen.
- Eine Start- und Ziellinie festlegen.

Ablauf:
- Auf Pfiff starten die ersten Spieler jeder Mannschaft gleichzeitig, durchlaufen den Slalom nach Vorgabe (A), wenden am letzten Hütchen (B) und laufen im Slalom wieder zurück (C).
- Dort werden Ball und Luftballon an den nächsten Spieler übergeben und der Ablauf wiederholt sich.
- Die Mannschaft, bei der der letzte Spieler nach der absolvierten Aufgabe zuerst hinter der Ziellinie ankommt, gewinnt einen Punkt.
- Welche Mannschaft hat nach allen Aufgaben die meisten Punkte?

Vorgaben für die einzelnen Durchgänge:
- Die Spieler prellen mit der Wurfhand und halten mit der anderen Hand den Luftballon in der Luft (immer wieder leicht nach oben anstoßen).
- Die Spieler prellen mit der Nicht-Wurfhand und halten mit der anderen Hand den Luftballon in der Luft.
- Die Spieler führen den Handball mit dem Fuß und halten gleichzeitig den Luftballon in der Luft.
- Die Spieler führen den Handball mit dem Fuß und halten den Luftballon hoch, indem sie ihn abwechseInd mit der linken und der rechten Hand berühren.
- Die Spieler prellen und halten den Luftballon abwechselnd mit einer Hand und einem Fuß/Oberschenkel in der Luft.

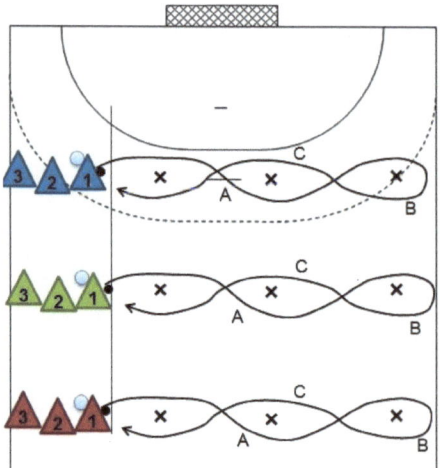

⚠ Die Spieler sollen die Vorgabe sauber erfüllen. Eventuell für jedes Herunterfallen des Luftballons je eine Strafsekunde an die entsprechende Mannschaft vergeben.

| Nr.: 2-3 | Ballgewöhnung | 10 | 30 |

Aufbau:
- Turnbänke wie abgebildet aufstellen.
- Die Spieler bilden 2er-Gruppen, jede Gruppe hat zunächst einen, im zweiten Ablauf zwei Luftballons.

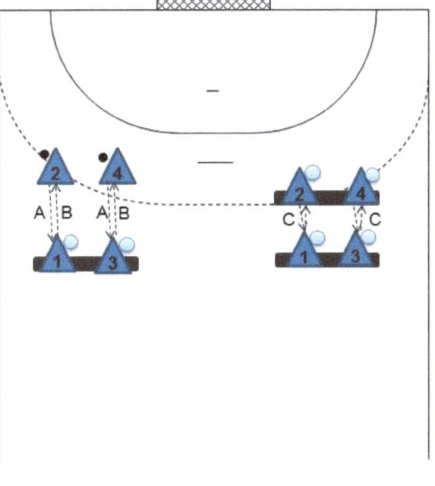

Ablauf 1:
- 1 steht auf der Turnbank und balanciert den Luftballon auf der rechten Hand.
- 2 passt 1 den Ball auf die linke Hand (A) und bekommt den Rückpass gespielt (B).
- Die anderen Gruppen absolvieren den Ablauf parallel.
- Nach 20 Doppelpässen wechseln die beiden Spieler die Aufgaben.
- Der komplette Ablauf (40 Doppelpässe) wird dann noch einmal wiederholt, dieses Mal wird der Luftballon auf der linken Hand balanciert, die Pässe werden auf die rechte Hand gepasst.

Ablauf 2:
- Beide Spieler stehen auf der Bank, jeder Spieler balanciert auf einer Hand einen Luftballon.
- Mit der jeweils anderen Hand werden fortlaufend Pässe gespielt (C).

⚠ Der Luftballon darf nicht festgehalten, sondern soll auf der flachen Hand balanciert oder leicht angestoßen und in der Luft gehalten werden.

| Nr.: 2-4 | Torhüter einwerfen | 10 | 40 |

Ablauf:

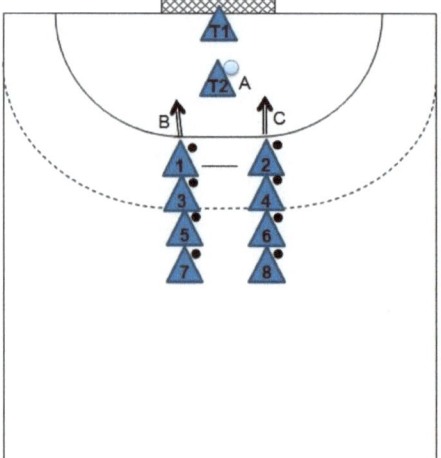

- T2 steht an der 4m-Linie und hält einen Luftballon hoch (A), indem er ihn mit der rechten Hand (der linken Hand/ abwechselnd mit beiden Händen) leicht anstößt.
- T1 erhält die Wurfserie im Tor.
- 1 wirft nach Vorgabe (Hände, hoch, tief) nach links (B), etwas zeitversetzt wirft 2 nach Vorgabe nach rechts (C) usw.
- Nach dem Durchgang tauschen die Torhüter die Aufgaben.

⚠️ T2 soll die Bälle nicht halten, er konzentriert sich auf seine Aufgabe und stört die Sicht von T1 auf die Reihe der Schützen, der dadurch eine erschwerte Wurfserie erhält.

| Nr.: 2-5 | Angriff / Wurfserie | 15 | 55 |

Aufbau:
- Je eine Turnmatte auf Rückraum links und Rückraum rechts auslegen.
- Auf jeder Position die weiteren Laufwege durch zwei Hütchen markieren (s. Bild).
- Zwei Ballkisten mit ausreichend Bällen aufstellen.

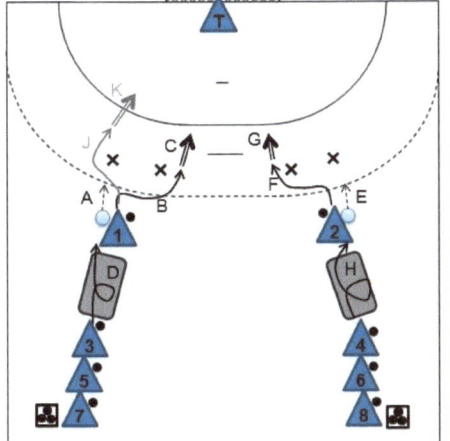

Ablauf:
- 1 hält einen Luftballon durch regelmäßiges Anstoßen in der Luft.
- Nach einigen Berührungen schlägt 1 den Ballon hoch in die Luft (A), läuft mit drei Schritten um das innere Hütchen (B) und wirft aus dem Sprungwurf heraus frei auf das Tor (C).
- 3 macht, sobald 1 den Luftballon in die Luft schlägt, eine Rolle vorwärts auf der kleinen Turnmatte (D) und nimmt den Ballon an, sodass er nicht herunterfällt. Er hält den Ballon in der Luft, bis er selbst mit Werfen an der Reihe ist.
- 2 hält seinen Luftballon ebenfalls leicht in der Luft, bis 1 geworfen hat.
- Dann schlägt 2 seinen Ballon hoch in die Luft (E), läuft mit drei Schritten um das innere Hütchen (F) und wirft aus dem Sprungwurf heraus auf das Tor (G).
- 4 macht, sobald 2 den Luftballon in die Luft schlägt, eine Rolle vorwärts auf der kleinen Turnmatte (H) und nimmt den Ballon an, sodass er nicht herunterfällt. Er hält den Ballon in der Luft, bis er selbst mit Werfen an der Reihe ist.
- Dann wirft 3 und der Ablauf wiederholt sich, usw.
- Nach dem Wurf stellen die Spieler sich schnell auf der anderen Seite an, um dort rechtzeitig mit der Rolle zu starten und den Ballon in der Luft zu halten.

⚠ Die Spieler müssen vor den Matten stehend den Ablauf beobachten und rechtzeitig mit der Rolle starten, damit der Ballon nicht herunterfällt.

Variationen:
- Die Spieler laufen vor dem Wurf um das äußere Hütchen.
- Auf der Matte werden unterschiedliche Übungen absolviert.

Koordinatives Handballtraining mit unterschiedlichen Geräten
6 abwechslungsreiche Trainingseinheiten mit 44 Einzelübungen

| Nr.: 2-6 | Wurfwettkampf | 10 | 65 |

Aufbau:

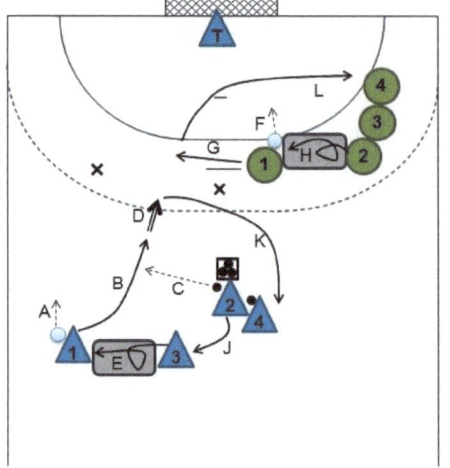

- Turnmatten, Ballkiste und Hütchen wie abgebildet aufstellen.
- Zwei Mannschaften bilden.

Gesamtablauf:
- Eine Mannschaft startet zunächst als Werfergruppe, die andere Mannschaft als Abwehrgruppe.
- Nach vier bis fünf Minuten werden die Aufgaben getauscht.
- Die Werfergruppe erhält einen Punkt für jedes erzielte Tor und einen Punkt für jedes Mal, wenn die Abwehrgruppe ihren Ballon auf den Boden fallen lässt.
- Der Werfergruppe wird ein Punkt abgezogen, wenn der eigene Ballon auf den Boden fällt.
- Welche Mannschaft erzielt mehr Punkte?

Ablauf:
- ▲ und ● halten jeweils einen Ballon durch regelmäßiges Anstoßen in der Luft.
- Nach einigen Berührungen, schlägt ▲ seinen Ballon hoch nach oben (A), läuft an (B) und bekommt von ▲ einen Ball in den Lauf gepasst (C).
- ▲ wirft über den Block auf das Tor (D).
- ▲ macht, sobald ▲ den Luftballon in die Luft schlägt, eine Rolle vorwärts auf der kleinen Turnmatte (E) und nimmt den Ballon an, sodass er nicht auf den Boden fällt.
- ● schlägt, sobald ▲ den Luftballon in die Luft schlägt, seinen Ballon ebenfalls in die Luft (F) und läuft zum Defensivblock gegen ▲ (G).
- ▲ macht, sobald ● den Luftballon in die Luft schlägt, eine Rolle vorwärts auf der kleinen Turnmatte (H) und nimmt den Ballon auf, sodass er nicht auf den Boden fällt.
- ▲ läuft nach seinem Pass (C) auf die Position von ▲ (J), sodass er die Rolle starten kann, sobald ▲ den Ablauf neu startet.
- ▲ stellt sich nach dem Wurf hinter ▲ an (K), ● hinter ● (L).

⚠ Die Spieler müssen mit gezieltem Timing arbeiten, um den Ablauf flüssig zu gestalten und die Ballons in der Luft zu halten.

| Nr.:2-7 | Angriff / Kleingruppe | 10 | 75 |

Aufbau:
- Einen vorhandenen Kreis auf dem Hallenboden suchen oder einen Kreis mit Tape markieren.
- Zwei Mannschaften bilden.

Ablauf:
- 1 und 1 haben je einen Luftballon und versuchen, diesen durch regelmäßiges Anstoßen in der Luft zu halten. 1 und 1 versuchen, dem anderen Spieler den Luftballon aus dem Kreis zu schlagen (A).
- Der Spieler, der es schafft, dass der andere Ballon den Kreis verlässt oder auf den Boden fällt, ist mit seinem Team im Angriff (im Bild gelingt dies 1).
- 1 holt den hinter dem Kreis liegenden Ball (B) und spielt zusammen mit 2 (C) im 2gegen2 gegen 1 und 2 (D, E und F) bis zum Torwurf (G).
- Für jedes Tor bekommt die Mannschaft einen Punkt.
- Dann starten je zwei weitere Spieler jeder Mannschaft mit dem nächsten Durchgang.
- Welche Mannschaft erzielt mehr Tore?

⚠ Die Spieler sollen nach der Aktion im Kreis sofort umschalten in die nächste Aktion – die Abwehr lässt das Sichern des Balles durch den Spieler im Angriff aber auf jeden Fall zu.

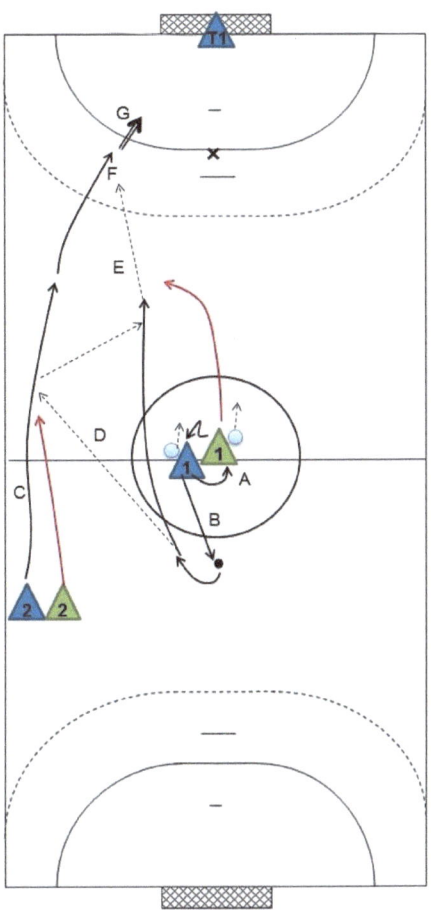

| Nr.: 2-8 | Angriff / Kleingruppe | 15 | 90 |

Aufbau:
- Einen vorhandenen Kreis auf dem Hallenboden suchen oder einen Kreis mit Tape markieren.
- Zwei Mannschaften bilden.

Ablauf:
- Die Spieler verteilen sich vor Beginn jeder Aktion auf den im Bild dargestellten Positionen.
- 1 und 1 haben je einen Luftballon und versuchen, diesen durch regelmäßiges Anstoßen in der Luft zu halten.
- 1 und 1 versuchen dabei, dem jeweils anderen Spieler den Luftballon aus dem Kreis zu schlagen (A).
- Der Spieler, der es schafft, dass der andere Ballon den Kreis verlässt oder auf den Boden fällt, ist mit seinem Team im Angriff (im Bild gelingt dies 1).
- 1 holt den hinter dem Kreis liegenden Ball (B) und spielt zusammen mit 2, 3 und 4 im 4gegen4 gegen 1, 2, 3 und 4 (C, D und E) bis zum Torwurf (F).
- Für jedes Tor bekommt die Mannschaft einen Punkt.
- Im nächsten Durchgang starten die Spieler jeweils auf anderen Positionen.
- Welche Mannschaft erzielt mehr Tore?

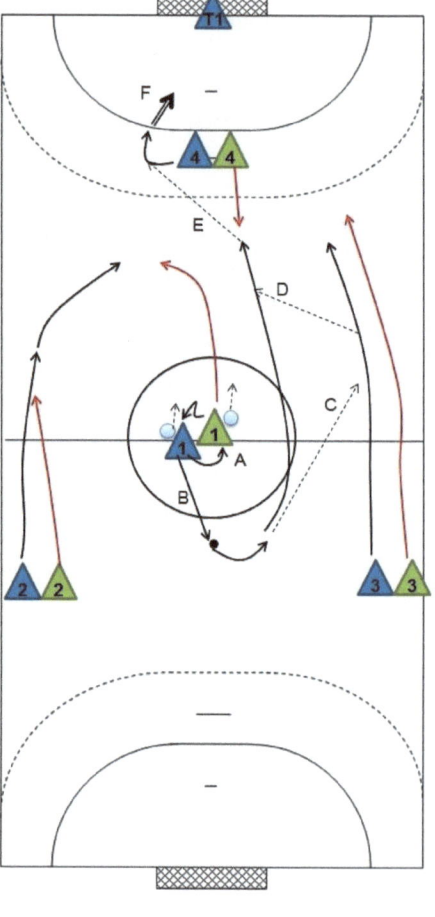

⚠️ Die Spieler sollen nach der Aktion im Kreis sofort umschalten in die nächste Aktion. Die Abwehr lässt das Sichern des Balles durch den Spieler im Angriff aber auf jeden Fall zu.

Koordinatives Handballtraining mit unterschiedlichen Geräten
6 abwechslungsreiche Trainingseinheiten mit 44 Einzelübungen

Nr.: 3		Wurfserien und Reaktionstraining mit Vorgaben durch Würfelergebnisse		★★	90
Startblock		**Hauptblock**			
X	Einlaufen/Dehnen	X	Angriff / individuell		Sprungkraft
	Laufübung	X	Angriff / Kleingruppe		Wurfwettkampf
X	Kleines Spiel		Angriff / Team		Torhüter
	Koordination	X	Angriff / Wurfserie		
X	Laufkoordination		Abwehr /Individuell	**Schlussblock**	
	Kräftigung		Abwehr / Kleingruppe	X	Abschlussspiel
X	Ballgewöhnung		Abwehr / Team		Abschlusssprint
X	Torhüter einwerfen		Athletiktraining		
			Ausdauertraining		

Legende:

✗ Hütchen

△1 Angreifer

●1 Abwehrspieler

⬛ Ballkiste

⊥ Fahnenstange

⬜ Würfel

○ Turnreifen

▢ umgedrehte kleine Turnkiste

Benötigt:
→ 6 Hütchen, 2 Schaumstoffwürfel, 18 Turnreifen, 1 Fahnenstange, 6 kleine Turnkisten, Ballkiste mit ausreichend Bällen.

Beschreibung:
Zufällige Vorgaben durch die gezeigten Augenzahlen nach Würfeln, sollen in dieser Trainingseinheit das sofortige Umsetzen verschiedener Handlungsoptionen schulen. Nach dem Einlaufen folgt die Laufkoordination mit Reifen und durch den Würfel vorgegebenen Laufvarianten. Auch im folgenden kleinen Spiel und in der Ballgewöhnung spielt der Zufall durch einen Würfel eine entscheidende Rolle. Im Torhüter einwerfen wird das Wurfziel, in den anschließenden Übungen der Wurfkorridor bzw. die Wurfvariante vorgegeben, bevor in zwei abschließenden Spielen die Passanzahl bzw. die Auslösehandlung mittels Zufall vorgegeben werden.

Insgesamt besteht die Trainingseinheit aus folgenden Schwerpunkten
- Einlaufen/Dehnen (Einzelübung: 10 Minuten / Trainingsgesamtzeit: 10 Minuten)
- Laufkoordination (10/20)
- Kleines Spiel (10/30)
- Ballgewöhnung (10/40)
- Torhüter einwerfen (10/50)
- Angriff/Wurfserie (10/60)
- Angriff/individuell (10/70)
- Angriff/Kleingruppe (10/80)
- Abschlussspiel (10/90)

Gesamtzeit der Trainingseinheit: 90 Minuten

| Nr.: 3-1 | Einlaufen/Dehnen | 10 | 10 |

Aufbau:
- Mit Hütchen die Laufwege markieren (s. Bild).
- Einen Schaumstoffwürfel am Tor bereitlegen.

Ablauf:
- Es werden zwei Mannschaften gebildet.
- Die Spieler verteilen sich gleichmäßig entlang der Laufstrecke, immer abwechselnd ein Spieler von der einen und einer von der anderen Mannschaft.
- Auf Kommando laufen alle Spieler in lockerem Tempo um die Strecke (A, B und D).
- Jeder Spieler, der am Tor vorbeikommt, würfelt einmal (C).
- Der Trainer addiert die gewürfelten Punkte jeder Mannschaft.
- Es wird so lange gelaufen, bis ein Team 30 (50) Punkte gewürfelt hat. Das Siegerteam bekommt für die Runde einen Punkt.
- In weiteren Runden können neue Laufvarianten gefordert werden (z. Bsp. Sidesteps zwischen den Hütchen, abwechselnd vorwärts-rückwärtslaufen).

Gemeinsam Dehnen/Mobilisieren.

Nr.: 3-2	Laufkoordination	10	20

Aufbau:
- Drei parallele Reifenreihen mit je sechs Reifen auslegen.
- Hütchen und Schaumstoffwürfel wie im Bild aufstellen.

Ablauf:
- Den Zahlen des Würfels werden Reifen und Laufaufgaben zugeordnet:
    - 1: Durchlaufen der vorderen Reifenbahn mit zwei Kontakten je Reifen (linker Fuß – rechter Fuß), dabei mit den Armen die Hampelmannbewegung durchführen.
    - 2: Durchlaufen der mittleren Reifenbahn mit zwei Kontakten, dabei werden die ausgestreckten Arme vor dem Körper auf und ab bewegt (Roboterbewegung).
    - 3: Durchlaufen der hinteren Reifenbahn mit zwei Kontakten je Reifen, dabei werden die Arme gegengleich gekreist (ein Arm vorwärts, ein Arm rückwärts).
    - 4 bis 6 entsprechen den Aufgaben aus 1 bis 3, allerdings wird bei diesen Übungen rückwärts gelaufen.

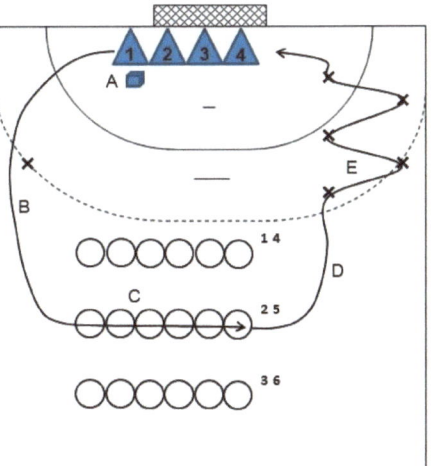

- 1 würfelt (A), läuft zu den Reifen (B) und durchläuft dann die entsprechende Reifenbahn in der zur Augenzahl passenden Laufbewegung (C). Dann läuft 1 zu den Hütchen, durchläuft diese im Sidestep (D) und stellt sich wieder an (E).
- 2 startet etwas zeitversetzt usw., bis jeder Spieler 10Mal gelaufen ist.

| Nr.: 3-3 | kleines Spiel | 10 | 30 |

Aufbau:
- Auf beiden Seiten des Feldes je drei kleine Turnkisten umgedreht aufstellen.
- Eine Ballkiste und einen Schaumstoffwürfel beim Trainer bereitlegen.
- Zwei Mannschaften bilden.

Ablauf:
- Der Trainer würfelt zunächst (A) mit dem Schaumstoffwürfel. Die gewürfelte Augenzahl bestimmt, wie viele Punkte es in der nächsten Spielrunde gibt.
- Sofort nach dem Würfeln wirft der Trainer einen Ball ins Feld (B).
- Die Mannschaft, die den Ball erkämpft (C), versucht, diesen in einer der gegnerischen Turnkisten abzulegen (D). Dafür bekommt die Mannschaft die vom Trainer erwürfelte Punktzahl.
- Fängt die andere Mannschaft den Ball ab, kann die bisher abwehrende Mannschaft ihrerseits versuchen, die Punkte durch Ablage in einer der Turnkisten auf der anderen Seite zu gewinnen.
- Sofort nach Ablage des Balles in einer der Turnkisten, würfelt der Trainer erneut und bringt den nächsten Ball ins Spiel.
- Welche Mannschaft erzielt mehr Punkte?

| Nr.: 3-4 | Ballgewöhnung | 10 | 40 |

Aufbau:
- Mit Hütchen den Laufweg in der Kurve markieren.
- Einen Schaumstoffwürfel am Start bereitlegen.

Ablauf 1:
- Die Spieler bilden Paare, jedes Paar hat einen Ball.
- Spieler 1 würfelt zunächst (A), dann starten Spieler 1 und Spieler 2 gemeinsam und umlaufen die Hütchen (B und C). Dabei halten Spieler 1 und Spieler 2 immer den gleichen Abstand, Spieler 2 muss somit etwas schneller laufen als Spieler 1. Beim Laufen werden Pässe gespielt (D und E).
- Die Pässe werden laut mitgezählt. Allerdings dürfen Zahlen, die die gewürfelte Zahl beinhalten oder durch diese teilbar sind, nicht genannt werden. Diese Zahlen werden durch den Namen des Passpartners ersetzt (Beispiel: Spieler 1 würfelt eine 3. Die Spieler zählen die Pässe: *1, 2, Name „Spieler 1", 4, 5, Name „Spieler 2"* usw. Die Zahl 13 würde genauso durch den Namen ersetzt).

⚠️ Wird eine 1 gewürfelt, dürfen nur keine Zahlen genannt werden, die eine 1 enthalten (also keine 1, 11, 12 usw.), die Regel der Teilbarkeit entfällt.

- Nach der Runde stellen die Spieler sich wieder an, tauschen dabei aber die Positionen.
- Jede Gruppe läuft mindestens fünfmal.

Ablauf 2:
- Grundsätzlich bleibt der Ablauf aus Ablauf 1 erhalten.
- Jetzt bestimmt die gewürfelte Augenzahl, welche Pässe als Bodenpass (alternativ: Pass hinter dem Rücken) gespielt werden müssen.

| Nr.: 3-5 | Torhüter einwerfen | 10 | 50 |

Aufbau:
- Einen Schaumstoffwürfel bereitlegen.

Ablauf:
- Der Torhüter wird zunächst mit zwei schnellen Serien auf die Hände, einer Serie tief und einer Serie hoch, auf die Übung vorbereitet.
- Dann werden den Ecken des Tores die Augenzahlen des Würfels zugeordnet:
  - 1: links hoch
  - 2: links tief
  - 3: rechts hoch
  - 4: rechts tief
  - 5: Mitte hoch (oder Heber)
  - 6: Mitte tief (auf die Beine)
- Jetzt würfelt der zweite Torhüter und sagt laut die gewürfelte Augenzahl an (A).
- 🔺1 wirft in das angegebene Eck (B) oder entsprechend der Augenzahl in die Mitte, der Torhüter versucht, den Ball zu halten.
- Dann kommt die nächste Ansage entsprechend der nächsten gewürfelten Augenzahl und 🔺2 wirft entsprechend.

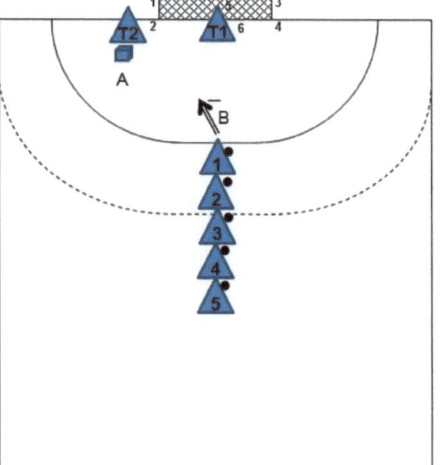

⚠️ Dauert das Würfeln zu lange, kann mit einem kleinen Würfel oder abwechselnd mit einem zweiten Würfel gewürfelt werden.

⚠️ Steht nur ein Torhüter zur Verfügung, übernimmt der Trainer das Würfeln.

| Nr.: 3-6 | Angriff / Wurfserie | 10 | 60 |

Aufbau:
- Mit fünf Hütchen werden sechs Wurfpositionen markiert und wie im Bild den Augenzahlen eines Würfels zugeordnet (5, 6 außen, 3, 4 auf halb, 1, 2 in der Mitte).
- Zwei Mannschaften bilden.

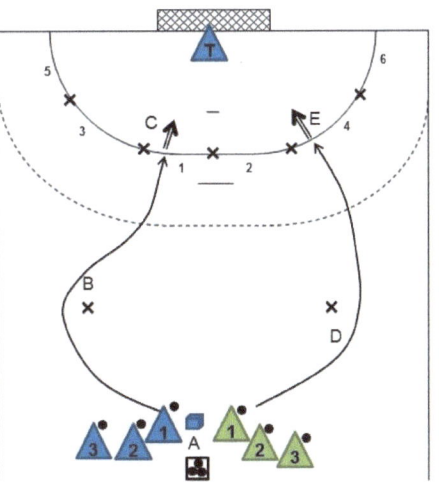

Ablauf:
- 1 würfelt (A), umläuft entsprechend der Augenzahl das linke oder rechte Hütchen (B) und wirft aus dem der Augenzahl entsprechenden Korridor (C). 1 bekommt bei einem Treffer die Punkte gemäß der Augenzahl (im Beispiel einen Punkt).
- Beim Wurf von 1, würfelt 1, umläuft ebenfalls eines der Hütchen (D) und wirft aus dem der Augenzahl entsprechenden Korridor (E). Bei einem Treffer enthält 1 die Punkte entsprechend der gewürfelten Augenzahl (im Beispiel 4 Punkte).
- Welche Mannschaft schafft als erste 30 (50) Punkte?

| Nr.: 3-7 | Angriff / individuell | 10 | 70 |

Aufbau:
- Mit zwei Hütchen und einer Fahnenstange Abwurfpositionen markieren.

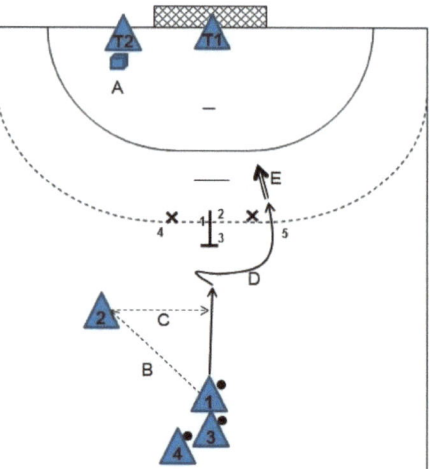

Ablauf:
- Den Augenzahlen des Würfels werden verschiedene Angriffsaktionen zugeordnet:
  - 1: Knickwurf an der Fahnenstange vorbei auf die Nicht-Wurfhandseite.
  - 2: Schlagwurf an der Fahnenstange.
  - 3: Schlagwurf tief an der Fahnenstange.
  - 4: Körpertäuschung gegen die Wurfhand um das Hütchen.
  - 5: Körpertäuschung zur Wurfhand um das Hütchen.
  - 6: freie Auswahl.

⚠ Für Linkshänder gelten die Zahlen seitenverkehrt.

- Der zweite Torhüter (alternativ der Trainer) würfelt mit einem Schaumstoffwürfel (A) und gibt die gewürfelte Augenzahl bekannt.
- ▲1 passt zu ▲2 (B), läuft in Richtung Tor und bekommt den Rückpass (C).
- An der Stange führt ▲1 die zur Augenzahl passende Aktion aus (D) und wirft (E) auf das Tor (im Beispiel hatte T2 eine „5" gewürfelt).
- Dann würfelt T2 erneut und ▲3 startet den nächsten Durchgang.

⚠ Den Anspieler regelmäßig wechseln.

⚠ Steht nur ein Torhüter zur Verfügung, übernimmt der Trainer das Würfeln.

| Nr.: 3-8 | Angriff / Kleingruppe | 10 | 80 |

Aufbau:
- Bälle im Tor bereitlegen.
- Einen Schaumstoffwürfel bei T1 bereitlegen.

Ablauf:
- Drei Angreifer und zwei Abwehrspieler stellen sich am 6-Meter-Kreis auf.
- Der Torhüter würfelt mit dem Schaumstoffwürfel (A).
- Die gewürfelte Augenzahl bestimmt, wie viele Pässe die Angreifer maximal zur Verfügung haben, um auf der anderen Seite ein Tor zu erzielen (im Beispiel wurde mindestens eine „2" gewürfelt).
- Der Torhüter holt schnell einen Ball und leitet den Gegenstoß ein (B).
- 1, 2 und 3 spielen im 3gegen2 (C, D und F) gegen 1 und 2 (E) und versuchen, mit der festgelegten Passanzahl im Gegenstoß ein Tor zu erzielen (G).
- Dann startet der nächste Ablauf mit neuen Spielern wieder mit dem Würfeln von .

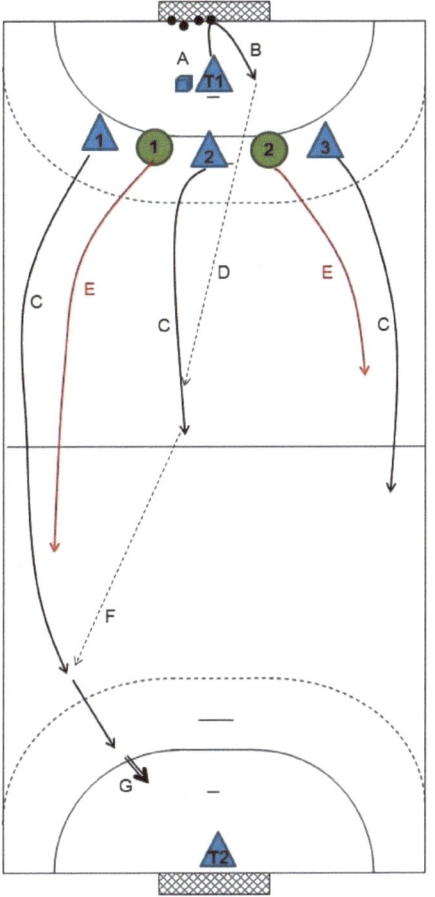

⚠️ Wird eine 1 gewürfelt, muss der Pass direkt vom Torhüter nach vorne gespielt werden. Der Spieler muss abschließen, er darf noch prellen, aber nicht mehr passen.

⚠️ Nach der Hälfte der Zeit die Torhüter wechseln.

Variation:
- Es wird schwieriger, wenn die Passanzahl genau erreicht werden muss, bevor abgeschlossen werden darf (also auch nicht weniger Pässe als die gewürfelte Augenzahl erlaubt sind).

Koordinatives Handballtraining mit unterschiedlichen Geräten
6 abwechslungsreiche Trainingseinheiten mit 44 Einzelübungen

Nr.: 3-9	Abschlussspiel	10	90

Aufbau:
- Neben jedem Tor Bälle bereitlegen.
- Jeder Torhüter hat einen Schaumstoffwürfel.
- Zwei Mannschaften bilden.

Ablauf:
- Je nach Spieleranzahl wird im 4gegen4, 5gegen5 oder 6gegen6 gespielt.
- Den Augenzahlen des Würfels werden verschiedene Aufgaben für den Angriff zugeordnet:
    - 1: Einläufer von links
    - 2: Einläufer von rechts
    - 3: Kreuzen
    - 4: Rückpass im Rückraum
    - 5: Übergang eines Rückraumspielers an den Kreis
    - 6: Freies Spiel
- T1 würfelt zum Auftakt (A). Sobald der Angriff die Aufgabe gesehen hat, starten die Spieler auf die andere Seite (B) und T1 leitet den Angriff ein (C).
- Die Spieler müssen im Angriff dann immer die geforderte Aufgabe erfüllen (im Beispiel Einläufer von links) (D), bevor mit Torwurf abgeschlossen werden darf (E).
- Nach dem Torwurf startet der gleiche Ablauf auf die andere Seite.
- Welche Mannschaft erzielt mehr Tore?

⚠ Die Abwehr darf nicht wissen, welche Zahl gewürfelt wurde.

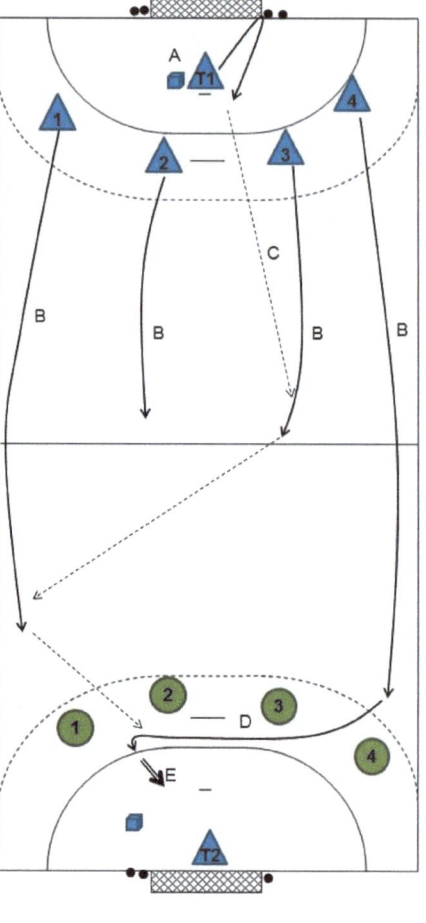

Koordinatives Handballtraining mit unterschiedlichen Geräten
6 abwechslungsreiche Trainingseinheiten mit 44 Einzelübungen

| Nr.: 3-9 V2 | Alternatives Abschlussspiel | 10 | 90 |

Aufbau:
- Auf jeder Außenposition je einen Schaumstoffwürfel auslegen.
- Zwei Mannschaften bilden.

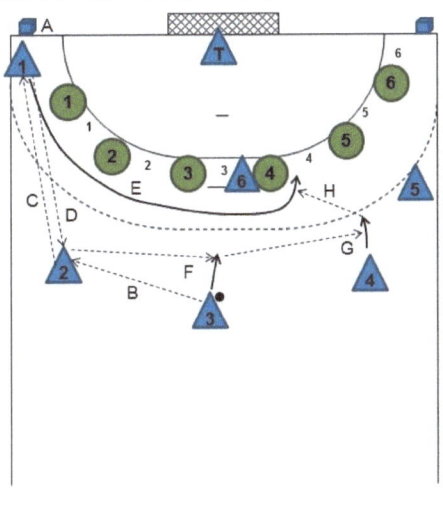

Ablauf:
- Es wird im 6gegen6 gespielt.
- Vor jedem Angriff würfelt einer der beiden Außenspieler (im Beispiel 1 (A)).
- Die Augenzahl bestimmt, in welchen Zwischenraum 1 in der Folge einlaufen soll, nur ein kurzer Einläufer (1 oder 2) oder ein Einläufer bis auf die andere Seite, im Extremfall bis auf außen (6).
- Direkt nach dem Würfeln wird der Angriff gespielt (B bis H).
- 1 läuft während des Angriffs als Auftakt in die der gewürfelten Augenzahl entsprechende Lücke ein (E). Es wird danach frei bis zum Torwurf weitergespielt.
- Dann startet der Ablauf von der anderen Seite mit dem Würfeln von .
- Nach 10 Angriffen werden die Aufgaben getauscht.
- Welche Mannschaft erzielt mehr Tore?

⚠️ 1 entscheidet selbst, wann er einläuft, ob direkt nach Ballabgabe (D) oder erst, wenn der Ball auf der anderen Seite ist.

Notizen:
___
___
___
___

Koordinatives Handballtraining mit unterschiedlichen Geräten
6 abwechslungsreiche Trainingseinheiten mit 44 Einzelübungen

Nr.: 4		Wurfserien und Gegenstöße mit koordinativen Zusatzübungen in Reifen		★★	90
Startblock		**Hauptblock**			
X	Einlaufen/Dehnen	X	Angriff / individuell		Sprungkraft
	Laufübung	X	Angriff / Kleingruppe		Wurfwettkampf
X	Kleines Spiel		Angriff / Team		Torhüter
	Koordination	X	Angriff / Wurfserie		
	Laufkoordination		Abwehr /Individuell	**Schlussblock**	
	Kräftigung		Abwehr / Kleingruppe	X	Abschlussspiel
X	Ballgewöhnung		Abwehr / Team		Abschlusssprint
X	Torhüter einwerfen		Athletiktraining		
			Ausdauertraining		

Legende:

 Hütchen

 Angreifer

 Abwehrspieler

 Ballkiste

 Turnreifen

 Basketball

 Fußball

Benötigt:
- ➔ 6 Hütchen, 18-24 Turnreifen, 1 Basketball,1 Fußball, Leibchen in verschiedenen Farben, 2 Ballkisten mit ausreichend Bällen.

Beschreibung:
Schnelle Pässe und die Einleitung des Gegenstoßes, sind Hauptbestandteil der vorliegenden Trainingseinheit. Die Übungen sind durch den durchgängigen Einsatz von Turnreifen mit verschiedenen koordinativen Aufgaben gekoppelt. Bereits im Einlaufen wird in wiederkehrende koordinative Laufbewegungen eingeführt, die sich in einem Fangspiel und der Ballgewöhnung fortsetzen. Das Torhüter einwerfen stellt durch koordinative Zusatzaufgaben hohe Anforderungen an Konzentration und Timing in den einzelnen Aktionen. Im Anschluss werden in einer Wurfserie und einer individuellen Angriffsübung lange Pässe geübt, bevor in den beiden abschließenden Übungen der Gegenstoß im Vordergrund steht.

Insgesamt besteht die Trainingseinheit aus folgenden Schwerpunkten
- Einlaufen/Dehnen (Einzelübung: 10 Minuten / Trainingsgesamtzeit: 10 Minuten)
- Kleines Spiel (10/20)
- Ballgewöhnung (10/30)
- Torhüter einwerfen (15/45)
- Angriff/Wurfserie (15/60)
- Angriff/individuell (10/70)
- Angriff/Kleingruppe (10/80)
- Abschlussspiel (10/90)

Gesamtzeit der Trainingseinheit: 90 Minuten

Koordinatives Handballtraining mit unterschiedlichen Geräten
6 abwechslungsreiche Trainingseinheiten mit 44 Einzelübungen

Nr.: 4-1	Einlaufen/Dehnen	10	10

Aufbau:
- An jeder Seite des Feldes eine Reihe aus drei Reifen auslegen.
- Verschiedene Bälle (Fußball, Basketball, Handbälle in verschiedenen Farben) bereithalten.
- Die Spieler werden durchnummeriert (im Beispiel von 1 bis 9).

Ablauf:
- Die Bälle werden immer in der Reihenfolge der Nummern gepasst (1, 2, 3, 4,…9, 1).
- Zu Beginn werden die Bälle an verschiedene Spieler verteilt.
- Die Spieler laufen durcheinander im Feld und passen den ersten Handball mit der Wurfhand entsprechend der Nummerierung (A und B). Der Fußball wird mit dem Fuß gepasst (C), der zweite Handball im Bodenpass gespielt (D) und der Basketball wird im Druckpass gespielt (E).
- Nachdem ein Spieler den Basketball gepasst hat, läuft er zu einer der Reifenreihen (F) und durchspringt die Reifen in der Hampelmannbewegung (G). Erst danach kann er wieder einen Ball annehmen.

Ideen für weitere Wurfgeräte:
- Ein Leibchen wird in die Luft geworfen und muss vom nächsten Spieler gefangen werden.
- Mit einem Handball wird eine Täuschung mit drei Schritten durchgeführt, dann wird er auf den Boden gelegt, der nächste Spieler muss ihn dort aufnehmen und wieder nach drei Schritten und einer Täuschung ablegen.
- Ein Softball wird von Spieler zu Spieler übergeben.

Ideen für die Reifenbahn:
- Durchlaufen mit zwei Kontakten je Reifen.
- Beidbeiniges / einbeiniges Durchspringen der Reifen.
- Rückwärts mit zwei Kontakten durchlaufen.
- Hampelmannbewegungen rückwärts durchführen.

⚠ Die Anzahl der Wurfgeräte soll so gewählt werden, dass die Spieler immer in Bewegung sind und keine langen Wartezeiten entstehen.

Gemeinsam Dehnen/Mobilisieren.

Nr.: 4-2	kleines Spiel	10	20

Aufbau:
- An jeder Seite des Feldes eine Reihe aus drei Reifen auslegen.
- Vier Mannschaften mit der gleichen Spieleranzahl bilden und mit Leibchen als zusammengehörig kennzeichnen.

Ablauf:
- Je ein Spieler jeder Mannschaft (der erste Fänger) startet hinter der der Mannschaft zugeordneten Reifenreihe (A), alle anderen Spieler verteilen sich im Feld.

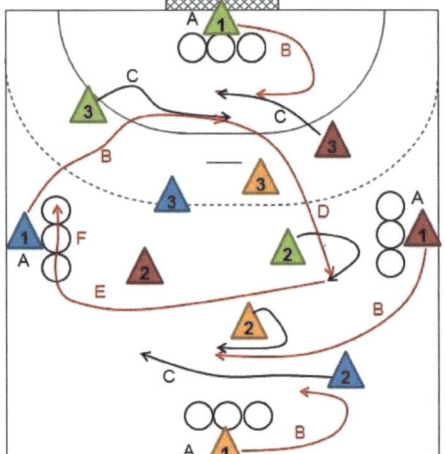

- Auf Pfiff des Trainers starten alle Fänger gleichzeitig und versuchen, die Spieler im Feld zu fangen (B).
- Dabei fängt der blaue Fänger die Spieler der grünen Mannschaft, der grüne Fänger die Spieler der roten Mannschaft, der rote Fänger die Spieler der orangen Mannschaft und der orange Fänger die Spieler der blauen Mannschaft.
- Die Spieler im Feld versuchen, es so lange wie möglich zu vermeiden, gefangen zu werden (C). Werden sie abgeschlagen, bleiben sie auf der Stelle stehen.
- Der Fänger, der alle von ihm zu fangenden Spieler abgeschlagen hat (D), läuft schnell zur eigenen Reifenbahn zurück (E) und durchläuft diese mit zwei Kontakten je Reifen (F). Wer zuerst die Reifenbahn durchlaufen hat, gewinnt für die Mannschaft drei Punkte, der zweite bekommt zwei Punkte, der dritte erhält einen Punkt, der letzte bekommt keine Punkte.
- Dann startet der Ablauf erneut mit neuen Fängern. Auch die zu fangenden Mannschaften werden gewechselt (die Spieler der Mannschaft rechts vom Fänger/der Mannschaft gegenüber werden gefangen).
- Welche Mannschaft gewinnt die meisten Punkte?

⚠ Die Spieler müssen beim Fangen und Weglaufen auch auf die anderen laufenden Spieler achten, damit sie nicht zusammenlaufen. Mit der Zeit wird dies einfacher, da bereits gefangene Spieler auf der Stelle stehen.

⚠ Durch das abschließende Laufen in die Reifen, kann der Trainer leichter sehen, wann welche Mannschaft fertig ist und so die Punkte zählen.

| Nr.: 4-3 | Ballgewöhnung | 10 | 30 |

Aufbau:
- Gruppen mit vier, fünf oder sechs Spielern bilden.
- Reifenreihen aus jeweils drei Reifen im Kreis oder Rechteck wie im Bild auslegen (eine Reifenbahn weniger als Spieler in der Gruppe sind).

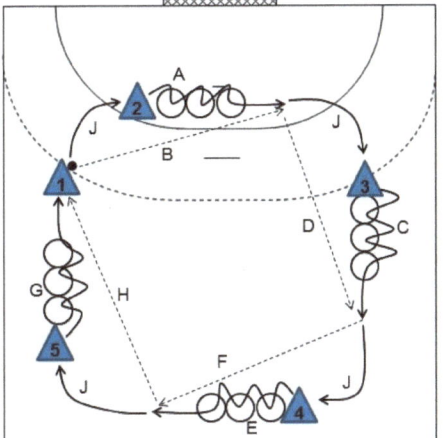

Ablauf:
- Die Spieler stellen sich hinter den Reifenbahnen auf, einer (1) startet zwischen zwei Reifenbahnen mit Ball.
- (2) startet ohne Ball und durchspringt (A) die Reifenbahn nach Vorgabe (s. unten).
- Direkt nach der Reifenbahn bekommt (2) den Pass von (1) in den Lauf (B). Inzwischen ist (3) gestartet und durchläuft ebenfalls nach Vorgabe die Reifen (C). (2) passt (3) in den Lauf (D). Der Ablauf wiederholt sich bei den weiteren Spielern (E und F / G und H).
- Jeder Spieler besetzt nach dem Pass die Startposition des Spielers, zu dem er gepasst hat (J).

Vorgaben für die Reifenreihe:
- Durchlaufen der Reifen mit zwei Kontakten je Reifen, dabei die Arme vorwärts/rückwärts kreisen.
- Durchlaufen der Reifen mit zwei Kontakten je Reifen, dabei die Knie vorne hochziehen.
- Durchlaufen der Reifen mit drei Kontakten je Reifen (Arme machen dabei Hampelmannbewegungen).
- Durchlaufen der Reifen mit zwei Kontakten, dabei wird ein Bein vorne angezogen und das andere hinten angeferst.
- Beidbeiniges /einbeiniges Durchspringen der Reifen.

⚠ Die Spieler sollen das Timing so wählen, dass sie so rechtzeitig in die Reifenbahn starten, dass sie sofort nach den Reifen den Pass erhalten. Die Spieler sollen aber auch nicht auf den Ball warten müssen. Durch die unterschiedlichen Übungen in den Reifen muss das Timing immer wieder angepasst werden.

| Nr.: 4-4 | Torhüter einwerfen | 15 | 45 |

Aufbau:
- Links und rechts vom Tor jeweils eine Reihe aus vier Reifen auslegen.
- An der 9-Meter-Linie rechts und links je eine weitere Reihe aus fünf Reifen auslegen (s. Bild).

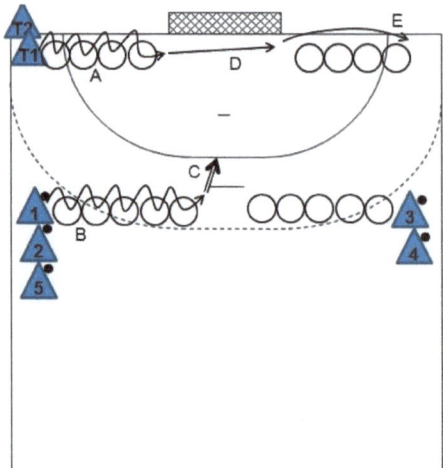

Ablauf:
- T1 startet mit Blick zu 1 mit Sidesteps durch die Reifenbahn (A), 1 durchläuft parallel im Sidestep seine Reifenbahn (B).
- Nach dem fünften Reifen springt 1 ab und wirft nach Vorgabe (Hände, hoch, tief, frei) nach rechts (C).
- T1 tritt aus den Reifen heraus und springt in Torwarttechnik (eventuell mit Zwischenschritt) in die aus seiner Sicht linke Ecke und hält den Ball (D).
- Dann wiederholt sich der Ablauf mit T2 und 2.
- T1 stellt sich inzwischen hinter die Reifenreihe auf der rechten Seite (E).
- Wenn T2 den Wurf von 2 gehalten hat, startet der Ablauf von der anderen Seite, wieder mit T1 und 3.
- Die Spieler stellen sich nach dem Wurf auf der anderen Seite wieder an.

Erweiterung zur Wurfserie:
- Die Torhüter starten wieder in die Reifenbahn, können dieses Mal aber Richtungswechsel vornehmen. Die Spieler kopieren die Bewegungen.
- Läuft der Torhüter aus dem vierten Reifen heraus, läuft der Werfer noch durch den fünften Reifen und wirft dann frei auf das Tor, der Torhüter versucht, den Ball zu halten.

| Nr.: 4-5 | Angriff / Wurfserie | 15 | 60 |

Aufbau:
- Links und rechts neben der Seitenlinie je eine Reifenreihe aus drei Reifen auslegen.
- Eine Ballkiste auf jeder Seite aufstellen.
- Mit Hütchen die Laufwege markieren.

Ablauf 1 (Bild 1):
- 3 startet mit Ball (A) und passt vor den Reifen zu 1 (B).
- Dann durchläuft 3 die Reifenbahn mit zwei Doppelkontakten (einem Kontakt) je Reifen (C).
- 1 legt den Ball ab (D) und startet dann im Bogen um das Hütchen (F). Inzwischen sprintet 3 zum Ball (E), nimmt diesen auf und passt 1 in den Lauf (G).
- 1 schließt mit Wurf ab (H).
- Dann startet der Ablauf von der anderen Seite mit 4 und 2 (J bis P).

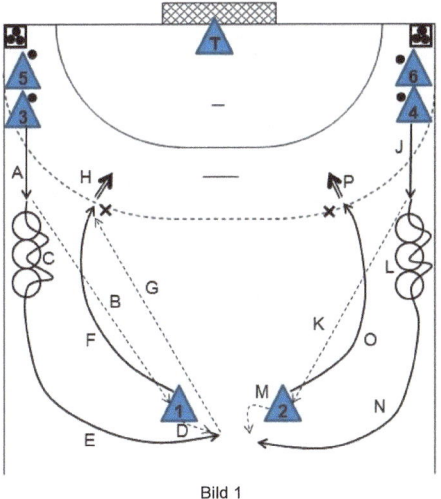

Bild 1

⚠️ 1 muss das Ablegen des Balles und das Loslaufen so timen, dass er den Pass von 3 in den Lauf erhalten kann, er darf nicht zu früh loslaufen.

Ablauf 2 (Bild 2):

- Die Hütchen weiter nach innen umstellen, 1 und 2 starten weiter außen. Ein Abwehrspieler (1) startet als Blockspieler an der 6-Meter-Linie.
- 3 startet mit Ball (A) und passt vor den Reifen zu 1 (B) und durchläuft wieder die Reifen mit Doppelkontakt (C).
- 1 legt den Ball ab (D), 3 sprintet zum Ball und nimmt ihn auf (E).
- 1 startet zur Mitte (F), bekommt von 3 den Ball in den Lauf (G) und wirft über den Defensivblock von 1 (H).
- Dann startet der Ablauf auf der anderen Seite mit 4 und 2 (J bis O).

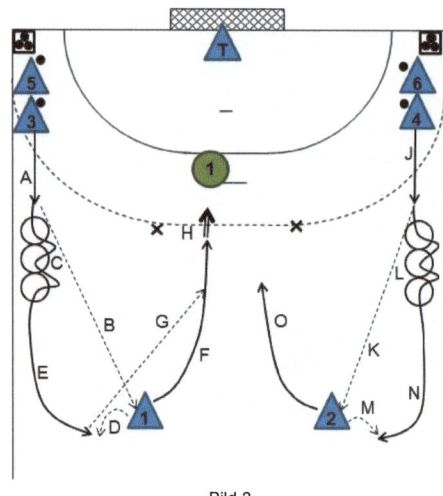

Bild 2

⚠️ 1 muss das Loslaufen so timen, dass er den Ball im Lauf fangen und sofort über den Block werfen kann.

⚠️ 1 blockt auf beiden Seiten. Den Blockspieler regelmäßig wechseln.

| Nr.: 4-6 | Angriff / individuell | 10 | 70 |

Aufbau:
- Seitlich neben dem Tor auf beiden Spielfeldhälften je eine Reifenreihe aus vier Reifen auslegen (s. Bild).
- Zwei Mannschaften bilden.

Ablauf:
- Die Reifen auf jeder Seite werden durchnummeriert von 1 bis 4.
- Auf Kommando starten beide Torhüter gleichzeitig und laufen (A) fortlaufend die Ecken des Tores ab (rechts tief, links hoch, rechts hoch, links tief usw.).
- Der Trainer nennt als Startkommando eine Zahl zwischen 1 und 4 (im Bsp. 4).
- 🔺 und 🔺 sprinten zum genannten Reifen, setzen einen Fuß hinein (B) und laufen dann zurück zur Ecke.
- Der Trainer nennt weitere Zahlen, die Spieler laufen zu den Reifen und zurück zu Ecke.
- Ruft der Trainer „HEPP", starten 🔺 und 🔺 in den Gegenstoß (C).
- Die Torhüter holen jeweils einen neben dem Tor liegenden Ball (D) und spielen den langen Pass zu den Angreifern (E).
- 🔺 und 🔺 schließen mit Wurf ab (F).
- Bei einem Treffer, bekommen 🔺 bzw. 🔺 einen Punkt für die Mannschaft.
- Jeder Spieler absolviert den Ablauf dreimal von jeder Seite.
- Welche Mannschaft erzielt mehr Tore?

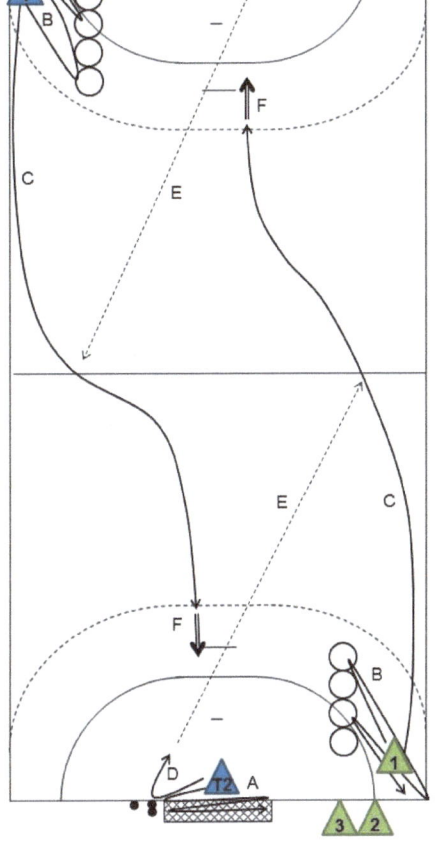

⚠️ Den Ablauf eventuell auf der anderen Seite wiederholen.

| Nr.: 4-7 | Angriff / Kleingruppe | 10 | 80 |

Aufbau:
- An der Mittellinie drei parallele Reihen aus je drei Reifen auslegen.

Ablauf:
- ① startet in der mittleren Reihe, durchläuft die Reifen im Sidestep und führt dabei immer wieder schnelle Richtungswechsel (nach links und rechts) durch (A).
- ② und ③ kopieren die Richtungswechsel von ① (B) in den beiden äußeren Reifenreihen.
- Irgendwann rollte der Trainer einen Ball in eine der beiden Spielfeldhälften (C).
- Das ist das Kommando für ①, ② und ③, aus den Reifen herauszulaufen (D) und zu versuchen, den Ball aufzunehmen (E). Im Bild gelingt dies ①.
- ① entscheidet dann durch seinen ersten Pass (F), der noch in der gleichen Feldhälfte durchgeführt werden muss, mit wem er zusammenspielt (hier passt ① zu ③).
- ① und der Spieler, zu dem er gepasst hat (③), spielen dann im 2gegen1 gegen den dritten Spieler (②) auf das Tor der gegenüberliegenden Spielfeldhälfte (G und H) bis zum Torabschluss (J).
- ② spielt in der Unterzahlabwehr (K) und versucht, ein Tor zu verhindern.
- Nach dem Wurf starten die nächsten drei Spieler mit dem gleichen Ablauf.

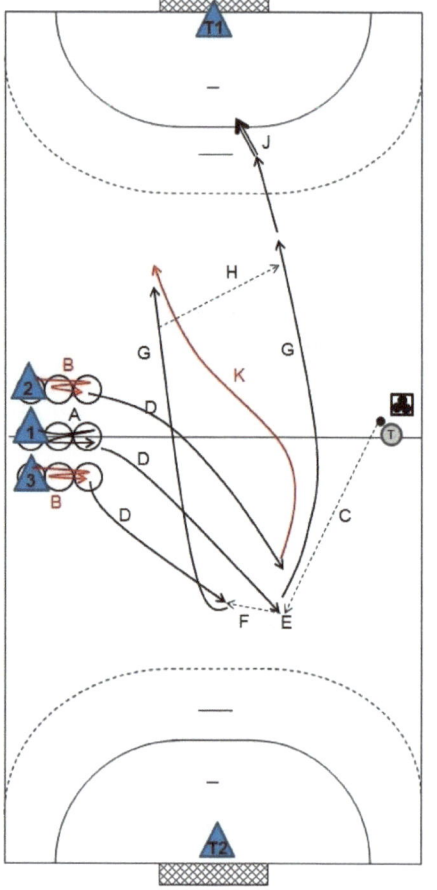

⚠ Die Spieler sollen ihre Position in den Reifen in jedem Durchgang wechseln (jeder Spieler gibt einmal die Bewegungen vor).

⚠ Die Spieler sollen, wenn der Trainer den Ball ins Spiel bringt, umschalten, den Ball erkämpfen und dann sofort in die Gegenstoßaktion gehen.

| Nr.: 4-8 | Abschlussspiel | 10 | 90 |

Aufbau:
- Auf Höhe der Mittellinie auf jeder Seite eine Reifenreihe auslegen (s. Bild).
- Zwei Mannschaften bilden und jeder Mannschaft eine Reifenreihe zuordnen.

Ablauf:
- Ein Spieler jeder Mannschaft steht zu Beginn neben der der Mannschaft zugeordneten Reifenreihe.
- Die anderen Spieler spielen (A, B und C) in Gleichzahl gegeneinander (hier im 4gegen4).
- Der Spieler, der auf das Tor wirft (D), durchläuft nach dem Wurf sofort die der Mannschaft zugeordnete Reifenreihe mit zwei Kontakten je Reifen (E), klatscht dann den Mitspieler hinter der Reifenreihe (5) ab (F) und bleibt selbst hinter der Reifenreihe stehen.
- 5 wechselt in die Abwehr ein. (G).
- Die Spieler, die nicht geworfen haben, dürfen sofort in die Abwehr starten (H).
- Die bisher abwehrende Mannschaft spielt somit kurzzeitig in Überzahl, bis 5 zur Abwehr dazu stößt.
- Welche Mannschaft erzielt mehr Tore?

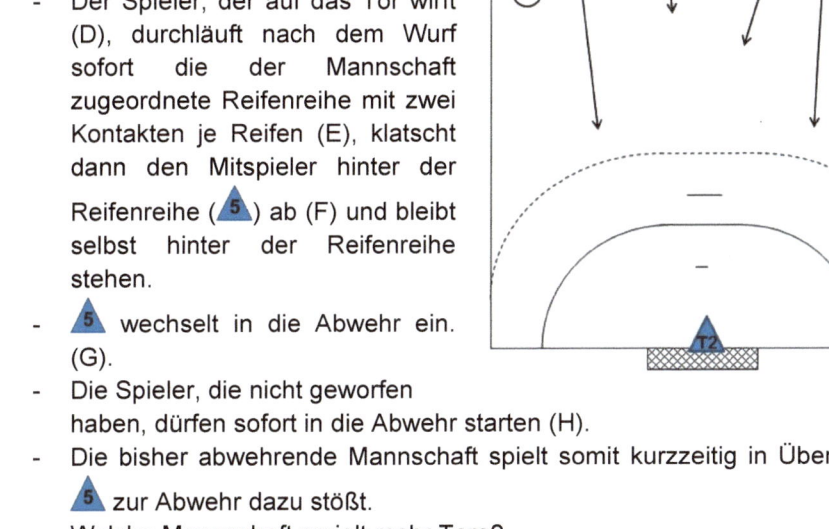

⚠ Nach einem Tor wird direkt weitergespielt, ohne Anspiel.

Trainingseinheit 321

Nr.: 5	Schulung der Wahrnehmung und schneller Reaktionen durch Signale mit Leibchen		★★★	90
Startblock		**Hauptblock**		
X	Einlaufen/Dehnen	X	Angriff / individuell		Sprungkraft
	Laufübung		Angriff / Kleingruppe	X	Sprintwettkampf
X	Kleines Spiel		Angriff / Team		Torhüter
	Koordination	X	Angriff / Wurfserie		
	Laufkoordination		Abwehr /Individuell	**Schlussblock**	
	Kräftigung		Abwehr / Kleingruppe	X	Abschlussspiel
	Ballgewöhnung		Abwehr / Team		Abschlusssprint
X	Torhüter einwerfen		Athletiktraining		
			Ausdauertraining		

Legende:

 Hütchen

 Angreifer

 Abwehrspieler

 Ballkiste

 dünne Turnmatte

 Leibchen

Benötigt:
➔ 4 (8) dünne Turnmatten, Leibchen in vier verschiedenen Farben, 10 Hütchen, Ballkiste mit ausreichend Bällen.

Beschreibung:

Die Schulung der Wahrnehmung steht im Vordergrund der vorliegenden Trainingseinheit. Farbige Leibchen werden dabei verwendet, um Signale zu geben. Nach der Erwärmung wird in einem ersten Spiel die Reaktion auf wechselnde Signale gefordert. Das anschließende Parteiballspiel bringt neben den Pässen eine zweite Anforderung durch ein geworfenes Leibchen ein. Das Torhüter einwerfen und eine Wurfserie kombinieren die handballspezifischen Übungen mit dem Fangen eines geworfenen Leibchens, bevor in den beiden Abschlussübungen durch das Leibchen bestimmte Handlungsoptionen vorgegeben werden.

Insgesamt besteht die Trainingseinheit aus folgenden Schwerpunkten
- Einlaufen/Dehnen (Einzelübung: 10 Minuten / Trainingsgesamtzeit: 10 Minuten)
- Sprintwettkampf (10/20)
- Kleines Spiel (10/30)
- Kleines Spiel (10/40)
- Torhüter einwerfen (10/50)
- Angriff/Wurfserie (10/60)
- Angriff/individuell (20/80)
- Abschlussspiel (10/90)

Gesamtzeit der Trainingseinheit: 90 Minuten

| Nr.: 5-1 | Einlaufen/Dehnen | 10 | 10 |

Aufbau:
- Mit Hütchen ein inneres und ein äußeres Quadrat markieren.
- Die Spieler verteilen sich um die beiden Quadrate, jeder Spieler hat ein Leibchen in einer von vier Leibchenfarben in der Hand (s. Bild).

Für die Erweiterung:
- Die Grundlinie und die Mittellinie mit je einem Hütchen in zwei Hälften teilen. Jeder Hälfte auf beiden Seiten eine von vier Leibchenfarben zuordnen und mit einem entsprechenden Leibchen kennzeichnen.

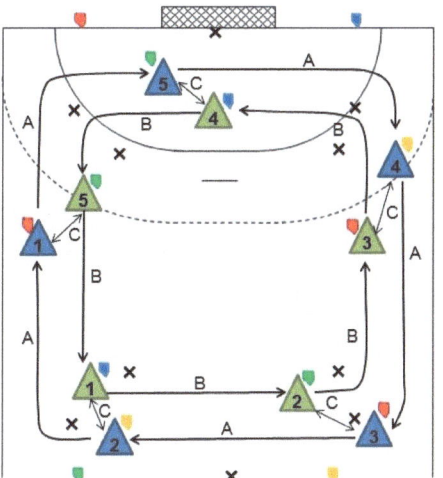

Ablauf:
- Jede der vier Leibchenfarben wird einer Laufbewegung zugeordnet, z. Bsp.:
    - Rot: vorwärtslaufen und Arme gegengleich kreisen.
    - Blau: Sidesteps.
    - Grün: Hopserlauf und beide Arme vorwärts kreisen.
    - Gelb: rückwärtslaufen.
- Auf Kommando starten alle Spieler gleichzeitig. Die Spieler außen laufen im Uhrzeigersinn um das äußere Quadrat (A), die Spieler innen laufen gegen den Uhrzeigersinn um das innere Quadrat (B). Dabei führt jeder Spieler die Laufbewegung durch, die durch das Leibchen, das er in der Hand hält, vorgegeben ist.
- Bei einem einzelnen Pfiff des Trainers tauschen die Spieler, die sich entgegenkommen, ihre Leibchen (C) und wechseln die Laufbewegung entsprechend der Farbe des neuen Leibchens.

Erweiterung:
- Pfeift der Trainer zweimal kurz hintereinander, laufen die Spieler entsprechend des Leibchens, welches sie in der Hand halten, an die Grund- oder die Mittellinie und berühren mit dem Fuß den Sektor, der zur Leibchenfarbe passt. Danach nehmen die Spieler neue Positionen in den Quadraten ein (sie wechseln von außen nach innen und umgekehrt) und der Ablauf wiederholt sich.

Gemeinsam Dehnen/Mobilisieren.

Trainingseinheit 321

| Nr.: 5-2 | Sprintwettkampf | 10 | 20 |

Aufbau:
- Die Grundlinie und die Mittellinie mit je einem Hütchen in zwei Hälften teilen.

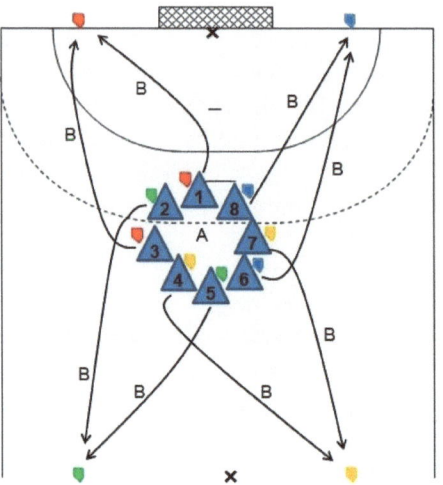

Ablauf:
- Jeder Spieler hat ein Leibchen in einer der vier Farben in der Hand.
- Die Spieler legen sich mit geschlossenen Augen in der Mitte in einem Kreis (A) auf den Rücken (die Köpfe zeigen zur Mitte).
- Der Trainer teilt jedem Sektor an Grund- und Mittellinie eine der vier Leibchenfarben zu, indem er ein Leibchen der entsprechenden Farbe hinter die Linie legt (s. Bild).
- Auf Pfiff des Trainers stehen die Spieler auf, orientieren sich sofort und sprinten hinter die Linie, die ihrer Leibchenfarbe zugeordnet ist (B).
- Die jeweils letzten beiden Spieler absolvieren eine Zusatzaufgabe.
- In weiteren Durchgängen wird die Aufgabe im Kreis in der Mitte variiert:
  o Die Spieler machen mit geschlossenen Augen Liegestützen bis zum Pfiff.
  o Die Spieler liegen auf dem Rücken und machen Sit-ups, bis der Trainer pfeift.
  o Die Spieler gehen mit geschlossenen Augen in den Unterarmstütz (oder Seitstütz), bis der Trainer pfeift.

Variante:
- Die Spieler werden in Mannschaften mit der gleichen Spieleranzahl eingeteilt.
- Alle Spieler einer Mannschaft bekommen die gleiche Farbe zugeordnet.
- Die Spieler absolvieren wieder mit geschlossenen Augen die Aufgaben im Kreis (A), der Trainer ändert die Leibchenfarben in den Zielsektoren und nach dem Pfiff sprinten die Spieler hinter die Linie des Sektors, der ihrer Leibchenfarbe entspricht (B).
- Die Mannschaft, die zuerst komplett angekommen ist, gewinnt einen Punkt für den Durchgang.
- Welche Mannschaft erzielt die meisten Punkte?

| Nr.: 5-3 | kleines Spiel | 10 | 30 |

Aufbau:
- Je eine kleine Turnmatte in den vier Ecken des Spielfeldes auslegen und mit einem von den vier verschieden farbigen Leibchen kennzeichnen.
- Der Trainer steht im Tor oder an der Mittellinie und hat noch einmal je ein Leibchen in den vier Farben in der Hand.
- Zwei Mannschaften bilden.

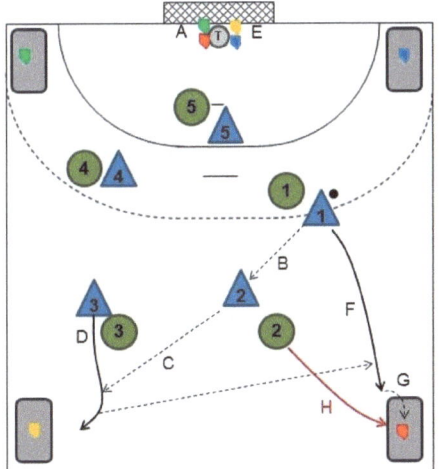

Ablauf:
- Die Mannschaft in Ballbesitz versucht, durch Pässe (B und C) und geschicktes Laufen (D) einen Punkt zu erzielen, indem der Ball auf der Matte abgelegt wird, die der Trainer durch Hochhalten des Leibchens in der entsprechenden Farbe (A: im Bsp. gelb) vorgibt.
- Der Trainer kann während des Spielens das hochgehaltene Leibchen wechseln (E im Bsp. rot), die Spieler müssen darauf reagieren (F) und auf der neuen Matte ablegen (G).

- Nach dem Ablegen, sichert die Abwehr sofort den Ball (H) und kann nun ihrerseits versuchen, einen Punkt zu erzielen.
- Wird der Ball abgefangen, wechseln sofort die Aufgaben und die bisherige Abwehr versucht, den Punkt zu erzielen.
- Welche Mannschaft hat am Ende die meisten Punkte gewonnen?

⚠ Wurde ein Ball abgelegt, muss der Trainer in jedem Fall die Farbe wechseln, damit die Abwehr nach Aufnahme des Balles nicht sofort den nächsten Punkt an der gleichen Matte erspielen kann.

⚠ Die Mannschaften müssen während des Spielens auch den Trainer beobachten und sofort auf einen Wechsel des hochgehaltenen Leibchens reagieren.

Trainingseinheit 321

| Nr.: 5-3 V2 | alternatives kleines Spiel | 10 | 30 |

Aufbau:

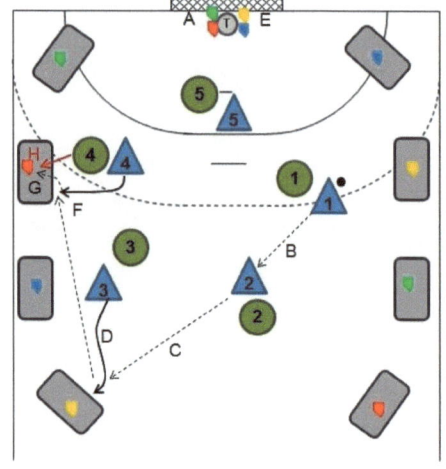

- Vier kleine Turnmatten auf jeder Seite des Spielfeldes auslegen und mit je einem von vier verschieden farbigen Leibchen kennzeichnen.
- Der Trainer steht im Tor oder an der Mittellinie und hat noch einmal vier Leibchen in den vier Farben in der Hand.
- Zwei Mannschaften bilden.

Ablauf:

- Die Mannschaft in Ballbesitz versucht, durch Pässe (B und C) und geschicktes Laufen (D) einen Punkt zu erzielen, indem der Ball auf der gegnerischen Matte abgelegt wird, die der Trainer durch Hochhalten des Leibchens in der entsprechenden Farbe (A: im Bsp. gelb) vorgibt.
- Der Trainer kann während des Spielens das hochgehaltene Leibchen wechseln (E im Bsp. rot), die Spieler müssen darauf reagieren (F) und auf der neuen Matte ablegen (G).
- Nach dem Ablegen, sichert die Abwehr sofort den Ball (H) und kann nun ihrerseits versuchen, einen Punkt auf der anderen Spielfeldhälfte zu erzielen.
- Wird der Ball abgefangen, wechseln sofort die Aufgaben und die bisherige Abwehr versucht, den Punkt zu erzielen.
- Welche Mannschaft hat am Ende die meisten Punkte gewonnen?

⚠ Die Mannschaften müssen während des Spielens auch den Trainer beobachten und sofort auf einen Wechsel des hochgehaltenen Leibchens reagieren.

Trainingseinheit 321

Nr.: 5-4	kleines Spiel		10	40

Aufbau:
- Mit Hütchen ein geeignetes Feld markieren oder die Linien auf dem Hallenboden nutzen.
- Zwei Mannschaften bilden.

Ablauf:
- Die Mannschaft in Ballbesitz versucht, durch geschicktes Passen (A, C und E) und fortwährendes Freilaufen (B und D), eine bestimmte Anzahl (10, 15) von Pässen zu spielen, ohne dass die Abwehr dabei in Ballbesitz kommt.
- Fängt die Abwehr einen Ball ab, versucht sie ihrerseits, die entsprechenden Pässe zu schaffen.
- Die Pässe werden laut mitgezählt.
- Wird die Passanzahl erreicht, bekommt die Mannschaft einen Punkt.
- Ein Angreifer hält während des Passens ein Leibchen in der Hand (hier 🔺), er darf dennoch in die Passfolge einbezogen werden.
- Nach jedem fünften Pass, muss der Halter des Leibchens (hier 🔺) das Leibchen in die Luft werfen (F), ein anderer Spieler der Mannschaft muss das Leibchen auffangen (G), bevor es auf den Boden fällt, und behält das Leibchen dann, bis wiederum fünf Pässe gespielt wurden.
- Erfolgt das Hochwerfen des Leibchens nicht oder wird das Leibchen nicht gefangen, wechselt sofort der Ballbesitz.
- Welche Mannschaft erzielt mehr Punkte?

⚠️ Zu Beginn hat je ein Spieler pro Mannschaft ein Leibchen, damit beim Wechsel des Ballbesitzes direkt weitergespielt werden kann und nicht das Leibchen noch übergeben werden muss.

Variation:
- Auch die Abwehr muss bei jedem fünften Pass das Leibchen hochwerfen und durch einen anderen Spieler fangen. Gelingt dies nicht, bekommt der Angriff direkt einen Punkt.

| Nr.: 5-5 | Torhüter einwerfen | 10 | 50 |

Ablauf 1:

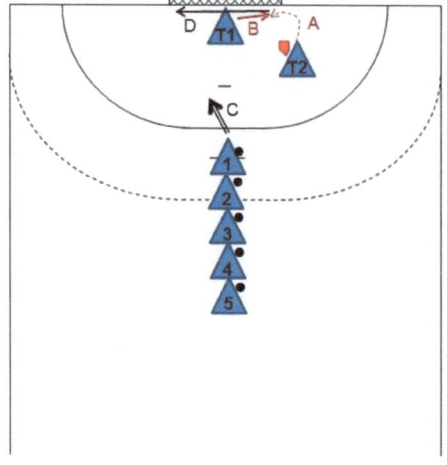

- T1 sitzt im Tor.
- T2 wirft das Leibchen hoch (A), T1 steht auf und fängt das Leibchen, bevor es auf den Boden fällt (B).
- Dann startet 1 eine Wurfserie mit dem ersten Wurf (C) nach Vorgabe (Hände, hoch, halbhoch, tief) nach links.
- Die weiteren Spieler folgen mit ihren Würfen, es wird abwechselnd nach Vorgabe nach links und rechts geworfen.

⚠ Die Torhüter wechseln die Aufgaben und die Wurfserien werden wiederholt.

Ablauf 2:

- T1 steht im Tor.
- T2 wirft das Leibchen hoch (A), T1 fängt das Leibchen (B): Direkt danach wirft 1 nach Vorgabe (hoch, tief, frei) nach links (C) und T1 hält den Ball (D).
- T2 wirft erneut das Leibchen und der Ablauf wiederholt sich mit Wurf von 2 usw.

⚠ Im zweiten Ablauf wird immer auf einer Seite das Leibchen gefangen und dann der Wurf auf die andere Seite gehalten. Diesen Ablauf auch auf der anderen Seite durchführen (Wurf des Leibchens auf der linken Seite, Würfe der Spieler nach rechts).

⚠ Die Torhüter wechseln die Aufgaben und die Wurfserien werden wiederholt.

Trainingseinheit 321

| Nr.: 5-6 | Angriff / Wurfserie | 10 | 60 |

Aufbau:
- Mit Hütchen die Wurfkorridore auf beiden Halbpositionen markieren.

Ablauf:
- Zwei Spieler (3 und 4) starten als Anspieler, neben ihnen liegt ein Leibchen, das sie nach dem Pass (C) aufnehmen.
- 1 passt zu 3 (A), läuft an (B) und bekommt den Rückpass von 3 (C).
- 1 schließt mit Wurf ab (D).
- Inzwischen hat 3 das Leibchen aufgenommen und wirft es hoch (E), 1 orientiert sich gleich nach dem Wurf zurück (F) und versucht, das Leibchen zu fangen, bevor es auf den Boden fällt.
- Nach dem Wurf von 1, startet 2 den Ablauf von der anderen Seite (G bis L).

Variationen:
- Den Ablauf als Wurfwettkampf zwischen rechter und linker Seite ausführen.
- Es wird von der Außen- oder der Kreisposition geworfen.

⚠️ Die Spieler sollen sofort nach dem Wurf umschalten und sich zurück orientieren, damit sie das Leibchen fangen können, bevor es den Boden berührt. Dennoch soll der Wurf konzentriert ausgeführt werden.

⚠️ 3 und 4 sollen das Hochwerfen des Leibchens so timen, dass die Werfer das Leibchen fangen können, wenn sie sich nach dem Wurf schnell zurück orientieren.

⚠️ Die Anspieler regelmäßig wechseln.

| Nr.: 5-7 | Angriff / individuell | 20 | 80 |

Aufbau:
- Für den Ablauf 1 den Wurfkorridor auf Rückraum rechts mit Hütchen markieren.

Ablauf 1 (Bild 1):
- 1 läuft an und bekommt von 2 den Ball in den Lauf (A).
- 1 stößt zunächst auf die linke Seite von 1.
- Der Trainer gibt durch Hochhalten eines Leibchens die weitere Aktion von 1 vor:
  - Grün: 1 passt sofort nach dem Stoßen nach links den Ball zu 3 am Kreis (B), 3 schließt mit Wurf ab.
  - Rot: 1 zieht mit einem Prellen nach innen weg (C) und versucht im Anschluss, 3 am Kreis anzuspielen (D). 3 schließt mit Wurf ab.
  - Kein Leibchen wird hochgehalten: 1 zieht mit einem Prellen nach innen weg (C) und passt zu 2 in den Lauf (E) und 2 schließt mit Wurf ab (F).

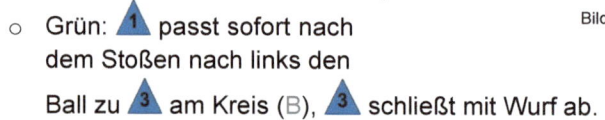

Bild 1

 Den Ablauf auf der rechten Seite wiederholen.

Ablauf 2 (Bild 2):

- Es kommen ein Abwehrspieler und ein Kreisläufer auf der rechten Seite hinzu.
- Der Ablauf aus Ablauf 1 (A bis E) wird um den gleichen Ablauf auf der rechten Seite erweitert.
- Wird links kein Leibchen hochgehalten und erfolgt der Pass zu 2 (E), stößt 2 zunächst rechts neben 2.
- T2 gibt durch Hochhalten von Leibchen die Folgeaktion für 2 vor (F). Im Beispiel zeigt T2 das grüne Leibchen.
- 2 passt entsprechend der Vorgabe zu 4 (G), 4 schließt mit Wurf ab (H).
- Dann startet der nächste Durchgang, dieser wird zunächst auf der rechten Seite begonnen.

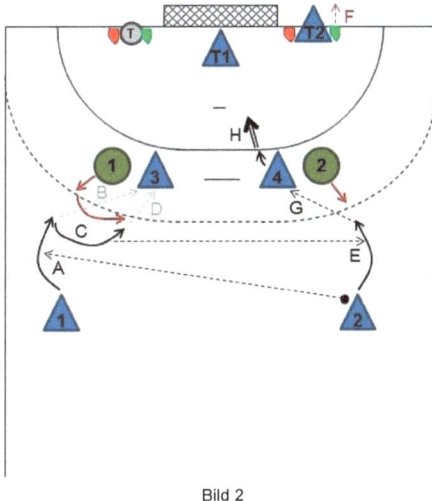

Bild 2

⚠ Die Rückraumspieler müssen während des Anlaufens Richtung Tor schauen, um rechtzeitig zu erkennen, welche Aktion ausgeführt werden soll.

⚠ Die Abwehrspieler und Kreisspieler regelmäßig wechseln.

| Nr.: 5-8 | Abschlussspiel | 10 | 90 |

Aufbau:
- Zwei Mannschaften bilden.

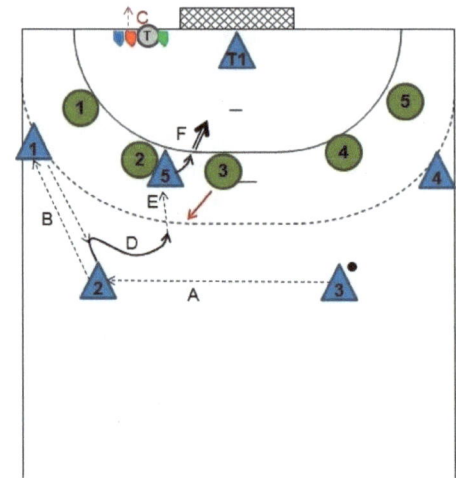

Ablauf:
- Eine Mannschaft startet im 5gegen5 oder 6gegen6 im Angriff, die andere in der Abwehr. Es wird immer mit Kreisläufer gespielt.
- Die Angriffsspieler passen den Ball zunächst durch (A und B).
- Während des Passens hält der Trainer ein Leibchen nach oben (C).
- Dies ist die Vorgabe für das weitere Angriffsverhalten:
    - Rot: Zusammenspiel mit dem Kreis (Sperre/Absetzen).
    - Blau: Kreuzen im Rückraum.
    - Grün: Einläufer an den Kreis.
- Der Angriff spielt entsprechend der Vorgabe (D, E und F). Gelingt daraus ein Tor, erhält der Angriff einen Punkt.
- Nach 10 Angriffen werden die Aufgaben getauscht, welche Mannschaft erzielt die meisten Treffer?

⚠ Alle Angriffsspieler müssen aufmerksam beobachten, welches Leibchen der Trainer zeigt, damit entsprechend reagiert werden kann.

| BONUS | Angriff / Kleingruppe | 10 | 10 |

Aufbau:
- Neben jedem Tor vier Leibchen auslegen.

Ablauf:

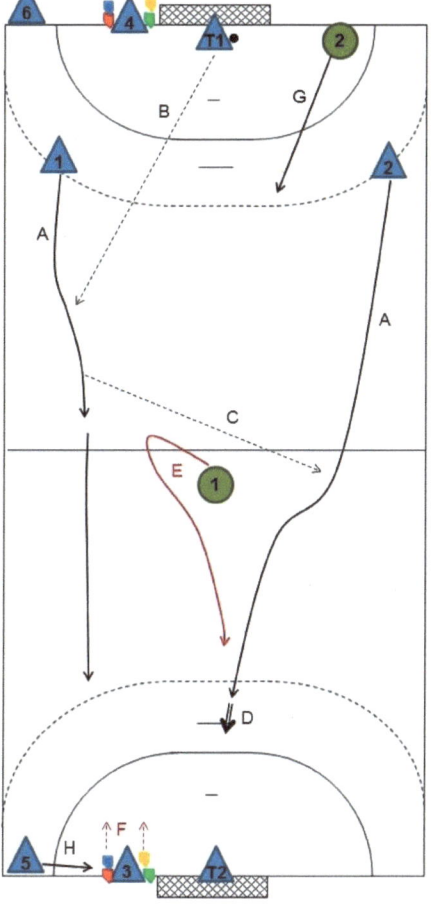

- T1 leitet mit einem kurzen Pass (B) den Gegenstoß von 1 und 2 (A) auf die andere Seite ein.
- 1 startet ab der Mittellinie in die Gegenstoßabwehr (E).
- 1 und 2 spielen im 2gegen1 gegen 1 bis zum Torabschluss (C und D).
- Während des Gegenstoßes hält 3 verschiedene Leibchen nach oben (F).
- Nach der Ballannahme soll der Angriffsspieler, der den Ball bekommen hat, die gezeigte Leibchenfarbe laut ausrufen.
- Auch während ein Spieler prellt, soll er einen Wechsel der Leibchenfarbe deutlich ansagen.
- Nach dem Abschluss startet 3 zusammen mit 1 in den Gegenstoß auf die andere Seite, 2 spielt in der Gegenstoßabwehr (G).
- 5 übernimmt die Leibchen von 3 (H).
- 4 hält die Leibchen für 3 und 1 hoch.
- Von den beiden Angreifern wird der Werfer zum Abwehrspieler, der andere Spieler stellt sich hinter 5 an.

⚠ Die Angreifer müssen während des Konters immer Richtung Tor schauen, um die Leibchenfarbe erkennen zu können. Zusätzlich müssen die Bewegungen des Abwehrspielers und des Mitspielers wahrgenommen werden.

Trainingseinheit 321

Nr.: 6	Angriffstraining mit koordinativen Elementen auf dünnen Turnmatten		★★★	90
Startblock		**Hauptblock**		
X	Einlaufen/Dehnen	X	Angriff / individuell		Sprungkraft
	Laufübung	X	Angriff / Kleingruppe	X	Sprintwettkampf
X	Kleines Spiel		Angriff / Team		Torhüter
	Koordination	X	Angriff / Wurfserie		
	Laufkoordination		Abwehr /Individuell	**Schlussblock**	
	Kräftigung		Abwehr / Kleingruppe	X	Abschlussspiel
	Ballgewöhnung		Abwehr / Team		Abschlusssprint
X	Torhüter einwerfen		Athletiktraining		
			Ausdauertraining		

Legende:

X		Hütchen
▲1		Angreifer
●1		Abwehrspieler
⣿		Ballkiste
▭		dünne Turnmatte
▭		kleine Turnkiste

Benötigt:
- → 12-14 Turnmatten (mind. für jeden Spieler eine), 8 Hütchen, 2 kleine Turnkisten, ausreichend Bälle.

Beschreibung:

Die vorliegende Trainingseinheit kombiniert koordinative Übungen und Kraftübungen auf kleinen Turnmatten mit handballspezifischen Angriffsaktionen. Nach der Erwärmung mit koordinativem Einlaufen im Mattenkreis, einem kleinen Spiel mit Kräftigungsübungen und einem Sprintwettkampf, wird das Torhüter einwerfen mit weiteren Übungen auf der Matte kombiniert. Eine Wurfserie mit 1gegen1-Vorübungen wird als Wettkampf mit verschiedenen Aufgaben für beide Mannschaften ausgetragen, bevor in zwei weiteren Angriffsübungen Zweikämpfe mit Folgehandlungen gefordert werden. Ein dreiteiliges Abschlussspiel rundet die Trainingseinheit ab.

Insgesamt besteht die Trainingseinheit aus folgenden Schwerpunkten

- Einlaufen/Dehnen (Einzelübung: 15 Minuten / Trainingsgesamtzeit: 15 Minuten)
- Kleines Spiel (10/25)
- Sprintwettkampf (10/35)
- Torhüter einwerfen (10/45)
- Angriff/ Wurfserie (10/55)
- Angriff/individuell (10/65)
- Angriff/ Kleingruppe (10/75)
- Abschlussspiel (15/90)

Gesamtzeit der Trainingseinheit: 90 Minuten

| Nr.: 6-1 | Einlaufen/Dehnen | 15 | 15 |

Aufbau:
- Matten im Kreis auslegen (mindestens eine Matte pro Spieler, bei weniger Spielern bleiben einige Matten frei).

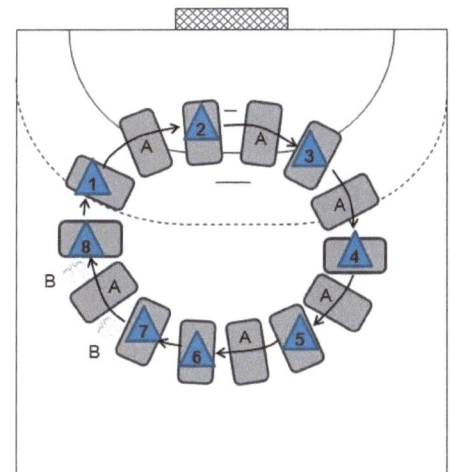

Ablauf:
- Die Spieler verteilen sich auf den Matten.
- Auf Kommando laufen die Spieler gleichzeitig im Uhrzeigersinn über die Matten (A). Dabei führen sie verschiedene Laufbewegungen durch:
    - Vorwärtslaufen und dabei die Arme gegengleich kreisen.
    - Rückwärtslaufen und dabei die Arme nach vorne Kreisen.
    - Vorwärtslaufen, dabei die Knie 90 Grad anheben und mit den Armen die Hampelmannbewegung (s. Bild) oder die Roboterbewegung (Arme vor dem Körper auf und absenken) durchführen.

- Nach einigen Runden werden rhythmische Laufbewegungen definiert, dabei werden neben den Matten auch die Zwischenräume genutzt:
    - Es werden immer zwei kleine Schritte auf der Matte durchgeführt und dann zwei kleine Schritte in den Mattenzwischenräumen (B). Die Arme werden in der Hampelmannbewegung synchron mit den Schritten bewegt.
    - Es wird immer ein langer Schritt auf einer Matte durchgeführt, dann zwei kleine Schritte im Mattenzwischenraum (B).

- Als nächstes werden einige Sprungbahnen absolviert:
  - Die Spieler springen immer mit dem rechten (linken) Bein auf die nächste Matte, auf der Matte machen sie einen Zwischenschritt.
  - Die Spieler springen immer mit einem Schritt von Matte zu Matte mit so wenigen Zwischenschritten wie möglich.
  - Die Spieler springen über die Matte, landen beidbeinig, springen dann abwechselnd mit rechts und links auf die nächste Matte, die Landung erfolgt immer beidbeinig.
- Zum Schluss werden die Laufbewegungen mit Kräftigungsübungen kombiniert:
  - Die Spieler laufen in höherem Tempo über die Matten, bei jedem Pfiff des Trainers wird auf der nächsten Matte eine Liegestütze absolviert.
  - Die Spieler laufen in höherem Tempo über die Matten, bei jedem Pfiff des Trainers werden auf der Matte fünf Sit-ups (Ruderbewegungen oder Kniebeugen) absolviert.

Gemeinsam Dehnen/Mobilisieren.

Trainingseinheit 321

| Nr.: 6-2 | kleines Spiel | 10 | 25 |

Aufbau:
- Am Rand des Feldes wird eine Matte weniger ausgelegt als Spieler im Training sind.
- In der Mitte mit Hütchen einen Laufweg markieren (s. Bild).

Ablauf:
- Die Spieler verteilen sich gleichmäßig entlang der aufgestellten Hütchen.
- Auf Kommando laufen alle Spieler gleichzeitig den eingezeichneten Laufweg (A). Dabei behält jeder Spieler immer die Blickrichtung in die Mitte bei (er läuft vorwärts, Sidestep nach links, Sidestep nach rechts, rückwärts, usw.).
- Irgendwann pfeift der Trainer. Das ist das Kommando für die Spieler, sich so schnell wie möglich eine Matte zu suchen und sich in Bauchlage auf die Matte zu legen (B).
- Ein Spieler wird keine Matte finden (hier 6 (C)), dieser Spieler scheidet aus.
- Der ausgeschiedene Spieler besetzt eine Matte seiner Wahl und führt während der nächsten Runden immer eine vom Trainer vorgegebene Kräftigungsübung (Unterarmstütz, Seitstütz, Sit-ups, Rudern) auf dieser Matte aus. Diese Matte ist im nächsten Durchgang für die anderen Spieler, die auf Kommando wieder mit dem Laufweg (dieses Mal anders herum) starten, bereits besetzt.
- Im Laufe des Spiels führen immer mehr Spieler auf den Matten Kräftigungsübungen aus, während die übrigen Spieler in die nächste Runde starten. Der letzte Spieler muss keine Kräftigungsübung durchführen.

⚠️ Beim Legen auf die Matte sollen die Spieler aufeinander achten und sich nur auf die Matte legen, wenn sie diese als erstes erreicht haben.

⚠️ Eventuell mehrere Runden spielen, so dass mehr Spieler die Kräftigungsübungen ausgeführt haben.

| Nr.: 6-3 | Sprintwettkampf | 10 | 35 |

Aufbau:
- Zwei parallele Bahnen mit vier, fünf oder sechs Matten auslegen (je nach Spieleranzahl in einem Team).
- Vier Mannschaften bilden (je zwei oder drei Spieler).
- Mit Hütchen die Startpositionen der Mannschaften markieren.

Ablauf 1 (Bild 1):
- Jede Mannschaft hat einen Ball.
- Die Mannschaften stellen sich an den Hütchen auf, immer zwei Mannschaften stehen sich hinter einer Mattenbahn gegenüber.

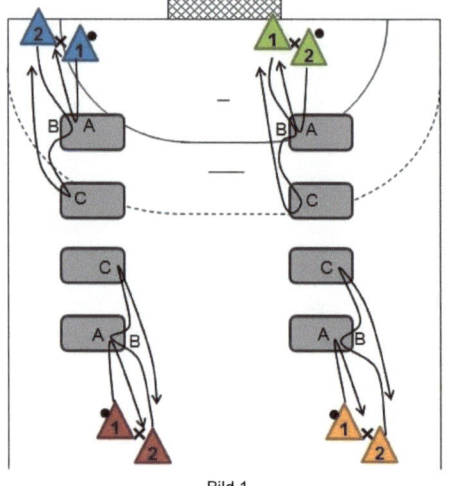

Bild 1

- Auf Kommando starten jeweils die ersten Spieler jeder Mannschaft, prellen zur aus ihrer Sicht ersten Matte und legen den Ball dort ab (A). Die Spieler laufen zurück und schlagen den nächsten Spieler ab.
- Die zweiten Spieler holen den Ball von der ersten Matte (B) und legen ihn eine Matte weiter wieder ab (C). Danach laufen sie zurück und schlagen den nächsten Spieler ab (bei zwei Spielern pro Mannschaft wieder den ersten Spieler).
- Der Ball wird dann auf der dritten und im nächsten Durchlauf auf der vierten Matte abgelegt.
- Von dort wird der Ball abgeholt und wieder hinter das Hütchen transportiert.
- Es gewinnt die Mannschaft, die den Ball am schnellsten wieder am eigenen Hütchen hat, nachdem der Ball auf jeder Matte einmal abgelegt wurde.

Trainingseinheit 321

Ablauf 2 (Bild 2):

- Im zweiten Ablauf spielen die Teams, die sich gegenüberstehen, zusammen.

- Auf Kommando starten die ersten beiden Spieler (1 und 1) und legen den Ball auf der aus ihrer Sicht ersten Matte ab (A). Sie laufen auf die andere Seite und schlagen dort den bereitstehenden Mitspieler ab (B).

- 3 und 3 holen den Ball (C) und transportieren ihn eine Matte weiter (D). Dann schlagen sie 2 bzw. 2 ab (E).

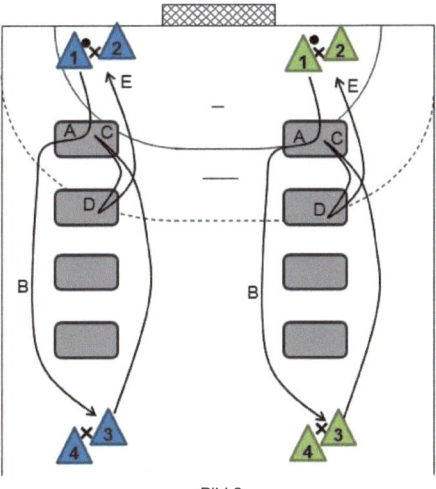

Bild 2

- 2 und 2 transportieren den Ball auf die dritte Matte, die nächsten Spieler (4 und 4) auf die vierte Matte.
- Dann wird der Ball wieder zurück transportiert, also von der vierten auf die dritte, dann auf die zweite und zum Schluss auf die erste Matte. Dann wird der Ball abgeholt und zum Hütchen gelaufen.
- Es gewinnt die Mannschaft, deren Ball zuerst wieder beim Starthütchen ist.

Trainingseinheit 321

| Nr.: 6-4 | Torhüter einwerfen | 10 | 45 |

Aufbau:
- Neben dem Tor eine Matte auslegen.
- Auf Höhe der 9-Meter-Linie links und rechts je eine Folge von drei Matten auslegen (s. Bild).

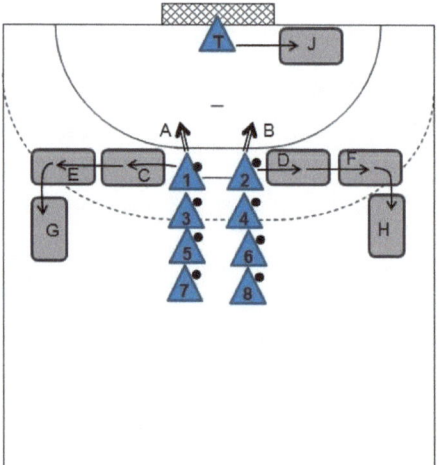

Ablauf:
- **1** wirft nach Vorgabe (Hände, hoch, tief) nach links (A), etwas zeitversetzt wirft **2** nach Vorgabe nach rechts (B), die weiteren Spieler folgen.
- **1** und alle Spieler auf der linken Seite laufen nach dem jeweiligen Wurf nach links auf die erste Matte, setzen sich hin und stehen ohne Hilfe der Hände wieder auf (C).
- **2** und alle Spieler auf der rechten Seite laufen nach dem jeweiligen Wurf nach rechts auf die erste Matte, setzen sich hin und stehen ebenfalls ohne Hilfe der Hände wieder auf (D).
- Danach wechseln die Spieler auf die nächste Matte, legen sich auf den Rücken und stehen ohne Hilfe der Hände wieder auf (E und F).
- Auf der dritten Matte legen sich die Spieler auf den Bauch und stehen ohne Hilfe der Hände wieder auf (G und H).
- Dann stellen die Spieler sich wieder an für den nächsten Wurfdurchgang.
- Nach der kompletten Wurfserie, läuft der Torhüter zur Matte neben dem Tor, setzt sich hin und steht ohne Hilfe der Hände wieder auf, legt sich dann auf den Rücken und steht ohne Hilfe der Hände wieder auf. Als drittes legt sich auch der Torhüter auf den Bauch und steht ohne Hilfe der Hände wieder auf (J).
- Dann folgt der nächste Wurfdurchgang für den Torhüter.

⚠ Falls ein zweiter Torhüter im Training ist, absolvieren die Torhüter die Wurfserie im Wechsel.

Trainingseinheit 321

| Nr.: 6-5 | Angriff / Wurfserie | 10 | 55 |

Aufbau:

- Drei Matten auf Höhe der 9-Meter-Linie auslegen.
- Nahe der Mittellinie zwei parallele Matten auslegen, ein Hütchen als Startpunkt und ein Hütchen als Wendemarke aufstellen.
- Ca. 3-4 Meter hinter der Wendemarke eine kleine Turnkiste schräg an eine weitere Turnkiste lehnen (s. Bild 2).
- Zwei Mannschaften bilden.

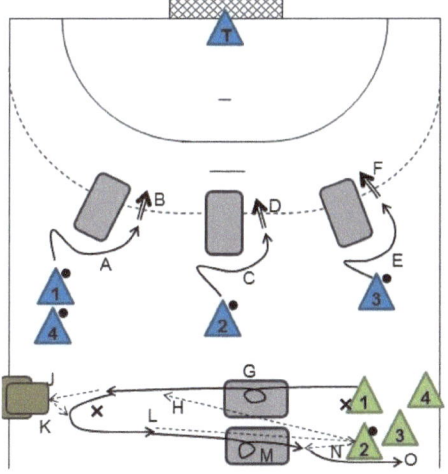

Bild 1

Ablauf Mannschaft 1:

- 1 startet mit Ball, macht neben der Matte eine Täuschung nach links, zieht dann nach rechts weg (A) und wirft aus dem Sprungwurf heraus auf das Tor (B).
- Dann startet 2, absolviert ebenfalls die Täuschung (C) und wirft (D).
- Es folgen Täuschung (E) und Wurf (F) von 3.

Bild 2

- Die Spieler wechseln nach dem Wurf eine Position weiter nach rechts, 3 stellt sich hinter 4 an.
- Im nächsten Durchgang gehen die Spieler auf der linken Seite der Matte vorbei und werfen von dort.
- Die Tore der werfenden Mannschaft werden gezählt.

Ablauf Mannschaft 2:

- 1 startet ohne Ball und macht eine Rolle vorwärts auf der Matte (G).
- Hinter der Matte bekommt 1 von 2 einen Pass gespielt (H).
- 1 läuft zum Hütchen, passt an die schräge Turnkiste (J), holt sich den zurückprallenden Ball (K) und läuft um das Hütchen zurück.
- Kurz vor der Matte passt 1 wieder zu 2 (L), macht auf der Matte (M) wieder eine Rolle vorwärts und bekommt beim Aufstehen den Rückpass von 2 (N).
- 1 schlägt 2 ab und übergibt den Ball an 3 (O), 2 startet den nächsten Ablauf.
- Jeder Spieler läuft viermal.

Gesamtablauf:

- Mannschaft 1 darf so lange werfen, wie Mannschaft 2 für die 16 (bei vier Spielern) Durchgänge benötigt, dann ist Aufgabenwechsel.
- Welche Mannschaft erzielt mehr Tore?

| Nr.: 6-6 | Angriff / individuell | 10 | 65 |

Aufbau:

- Zwei Matten auf Außen am 6-Meter-Kreis auslegen, mit zwei Hütchen den Laufweg markieren (s. Bild).
- Deutlich vor der 9-Meter-Linie zwei weitere Matten auslegen.

Ablauf:

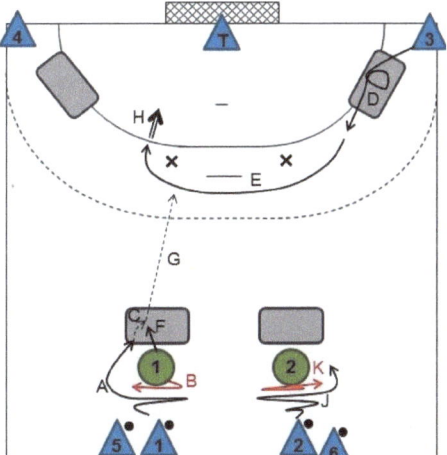

- 1 startet mit Ball und versucht, prellend oder im 1gegen1 an 1 vorbeizulaufen (A) und den Ball auf der Matte abzulegen (C).
- 1 verteidigt (B) nur durch gute Beinarbeit, die Arme dürfen nur als Stoßdämpfer verwendet werden (eventuell 1 durch Leibchen unter beiden Armen entsprechend einschränken. Die Leibchen dürfen bei der Abwehraktion nicht herunterfallen).
- Sobald es 1 gelingt, den Ball abzulegen, startet 3 von der gegenüberliegenden Außenposition mit einer Rolle auf der Matte (D).

- 3 läuft um die Hütchen am Kreis entlang ein (E).
- Inzwischen sichert 1 den Ball (F) und passt 3 in die Laufbewegung (G).
- 3 schließt mit Wurf ab (H).
- Dann startet 2 den Ablauf auf der anderen Seite mit dem Prellen im 1gegen1 gegen 2 (J und K).
- 1 stellt sich auf Außen an, 3 im Rückraum, 1 wird der nächste Abwehrspieler.

⚠ Die Abwehrspieler müssen sofort nach der Ballablage umschalten, den Ball sichern und zum einlaufenden Außenspieler passen.

| Nr.: 6-7 | Angriff / Kleingruppe | 10 | 75 |

Aufbau:

- Zwei Matten auf Außen am 6-Meter-Kreis auslegen und mit drei Hütchen zwei Korridore markieren (s. Bild).
- Deutlich vor der 9-Meter-Linie zwei weitere Matten auslegen.

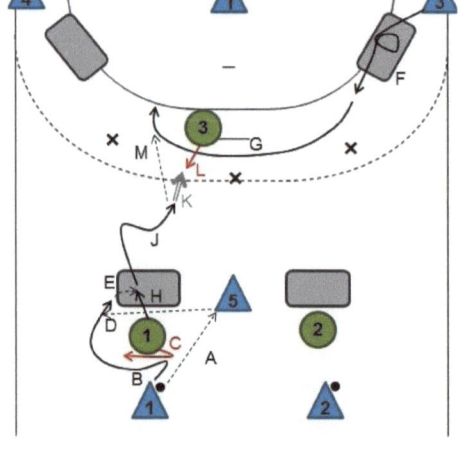

Ablauf:

- 1 passt zu 5 (A) und versucht, sich ohne Ball so freizulaufen (B), dass er den Ball nach Rückpass von 5 (D) direkt mit maximal zwei Schritten auf der Matte ablegen kann (E).
- 1 verteidigt (C) nur durch gute Beinarbeit, die Arme dürfen nur als Stoßdämpfer verwendet werden (eventuell 1 durch Leibchen unter beiden Armen entsprechend einschränken. Die Leibchen dürfen dabei nicht herunterfallen).

- Sobald es 1 gelingt, den Ball abzulegen, startet 3 von der gegenüberliegenden Außenposition mit einer Rolle auf der Matte (F).
- 3 läuft hinter den Hütchen am Kreis entlang ein (G), 3 kann das Einlaufen begleiten.
- Inzwischen sichert 1 den Ball (H) und spielt dann im 2gegen1 zusammen mit 3 gegen 3 bis zum Torabschluss (J, K, L und M).
- Dann startet 2 den Ablauf auf der anderen Seite.
- 1 stellt sich auf Außen an, 3 im Rückraum, 1 wird der nächste Abwehrspieler.

⚠️ Die Abwehrspieler müssen sofort nach der Ballablage umschalten, den Ball sichern und zum einlaufenden Außenspieler passen.

⚠️ 3 und 5 regelmäßig wechseln.

| Nr.: 6-8 | Abschlussspiel | 15 | 90 |

Aufbau:
- Zwei Mannschaften bilden.
- Auf einer Hallenhälfte links und rechts eine Reihe von Matten auslegen (2-3 Matten weniger als Spieler).
- Vor dem Tor einen Ball bereitlegen.

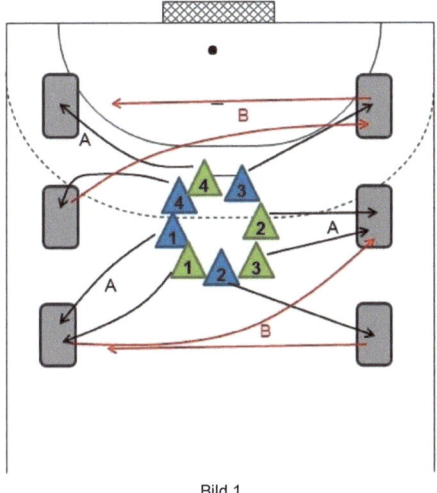

Bild 1

Ablauf:
- Zunächst starten alle Feldspieler in der Mitte der unteren Hallenhälfte (Bild 1).
- Auf Kommando laufen die Spieler jeweils zu einer Matte (A) und führen eine der folgenden vier Aufgaben durch:
    o Rolle vorwärts.
    o Auf die Matte setzen und wieder aufstehen, ohne die Hände zu nutzen.
    o Liegestütze auf der Matte.
    o Baumstammrolle.
- Jeder Spieler muss alle vier Aufgaben erfüllen, aber nach jeder Aufgabe die Matte wechseln und sich für die nächste Aufgabe eine Matte auf der gegenüberliegenden Seite suchen (B).

⚠ Speziell bei den Rollen muss die Matte frei sein, der erste Spieler hat Vorfahrt!

Trainingseinheit 321

- Ist ein Spieler mit allen vier Aufgaben fertig, versucht er, als erstes den Ball zu erreichen (C – Bild 2)
- Die Mannschaft, die den Ball erkämpft, muss dann in der unteren Hälfte fünf Pässe spielen, (D, E und F). Fängt die Abwehr (H) den Ball ab, versucht diese, fünf Pässe zu schaffen.
- Spieler, die auf den Matten nicht fertig sind, dürfen erst nach dem Durchführen der Aufgaben in das Spiel eingreifen (G).
- Nach fünf Pässen spielt der Angriff einen Gegenstoß auf die andere Seite bis zum Torabschluss (J, K und M), die andere Mannschaft versucht, ein Tor zu verhindern (L).
- Der Ablauf wird 10 (15) Mal wiederholt, welche Mannschaft erzielt mehr Tore?

⚠ Durch die geringe Anzahl an Matten können im Spiel Überzahlen für Angriff oder Abwehr entstehen.

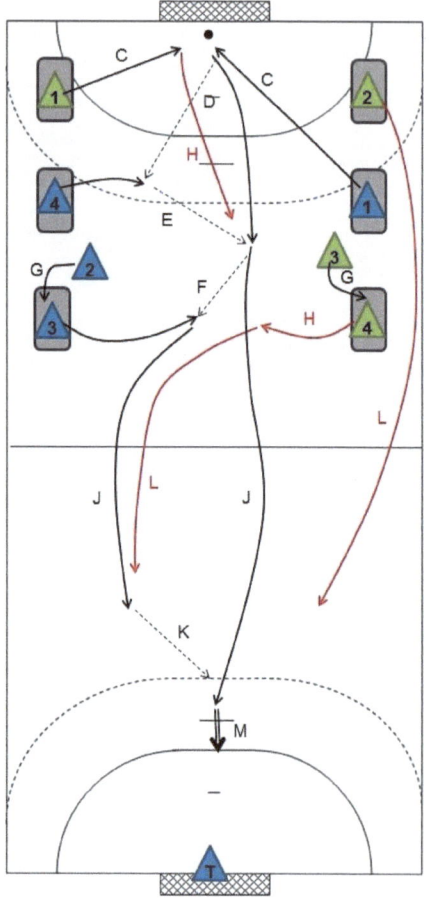

Bild 2

Notizen:
___
___
___
___
___

3. Über die Autoren

Felix Linden, geboren 1988 in Tönisvorst

seit 2017: zertifizierter DHB Nachwuchstrainer Leistungssport

seit 2016: Inhaber der DHB A-Lizenz

seit 2014: Trainer /Referent bei Tus Lintfort, HK Mönchengladbach, TSV Kaldenkirchen und ATV Biesel

2010: Co Trainer des TuS Lintfort mit Aufstieg in die 2. Handballbundesliga

2009: Trainer der A-Jugend weiblich des Neusser HV mit Qualifikation für die Regionalliga

seit 2005: Handballtrainer

(Bild: Andreas Eykenboom)

Anmerkung des Autors

Meine Anfänge machte ich natürlich als Jugendtrainer, ich bin bis heute von der Sportart Handball fasziniert. Mein Anspruch war es schon immer, abwechslungsreiches und zielgerichtetes Training zu bieten und Spieler und Spielerinnen dabei persönlich zu entwickeln. Wichtig ist es mir, mit meinen Übungsformen immer wieder neue Impulse zu setzen und die Inhalte abwechslungsreich zu schulen.

Mit diesem Buch möchte ich dazu anregen, auch eigene Ideen zu entwickeln und ins Training einzubringen.

Ihr

Felix Linden

JÖRG MADINGER, geboren 1970 in Heidelberg

Juli 2014 (Weiterbildung): 3-tägiger DHB Trainerworkshop "Grundbausteine Torwartschule"

Mai 2014 (Weiterbildung): 3-tägige DHTV/DHB Trainerfortbildung im Rahmen des VELUX EHF FinalFour

Mai 2013 (Weiterbildung): 3-tägige DHTV/DHB Trainerfortbildung im Rahmen des VELUX EHF FinalFour

seit Juli 2012: Inhaber der DHB A-Lizenz

seit Februar 2011: Vereinsschulungen, Coaching im Trainings- und Wettkampfbetrieb

November 2011: Gründung Handball Fachverlag (handall-uebungen.de, Handball Praxis und Handball Praxis Spezial)

Mai 2009: Gründung der Handball-Plattform handball-uebungen.de

2008-2010: Jugendkoordinator und Jugendtrainer bei der SG Leutershausen

seit 2006: B-Lizenz Trainer

4. Weitere Fachbücher des Verlags DV Concept

Von A wie Aufwärmen bis Z wie Zielspiel – 75 Übungsformen für jedes Handballtraining

Ein abwechslungsreiches Training erhöht die Motivation und bietet immer wieder neue Anreize, bekannte Bewegungsabläufe zu verbessern und zu präzisieren. In diesem Buch finden Sie Übungen zu allen Bereichen des Handballtrainings vom Aufwärmen über Torhüter einwerfen bis hin zu gängigen Inhalten des Hauptteils und Spielen zum Abschluss, die Sie in ihrem täglichen Training mit Ihrer Handballmannschaft inspirieren sollen. Alle Übungen sind bebildert und in der Ausführung leicht verständlich beschrieben. Spezielle Hinweise erläutern, worauf Sie achten müssen.

Insgesamt gliedert sich das Buch in die folgenden Themenschwerpunkte:

Erwärmung:
- Grunderwärmung
- Kleine Spiele zur Erwärmung
- Sprintwettkämpfe
- Koordination
- Ballgewöhnung
- Torhüter einwerfen

Grundübungen, Grund- und Zielspiele:
- Angriff / Wurfserien
- Angriff allgemein
- Schnelle Mitte
- 1. und 2. Welle
- Abwehraktionen
- Abschlussspiele
- Ausdauer

Am Ende finden Sie dann noch eine komplette methodisch ausgearbeitete Trainingseinheit. Ziel der Trainingseinheit ist das Verbessern des Wurfs und der Wurfentscheidung unter Druck.

Mini- und Kinderhandball (5 Trainingseinheiten)

Mini- bzw. Kinderhandball unterscheidet sich grundlegend vom Training höherer Altersklassen und erst recht vom Handball in Leistungsbereichen. Bei diesem ersten Kontakt mit der Sportart „Handball" sollen die Kinder an den Umgang mit dem Ball herangeführt werden. Es soll der Spaß an der Bewegung, am Sport treiben, am Spiel miteinander und auch am Wettkampf gegeneinander vermittelt werden.

Das vorliegende Buch führt zunächst kurz in das Thema und die Besonderheiten des Mini- und Kinderhandballs ein und zeigt dabei an einigen Beispielübungen Möglichkeiten auf, das Training interessant und abwechslungsreich zu gestalten.

Im Anschluss folgen fünf komplette Trainingseinheiten in verschiedenen Schwierigkeitsgraden mit Hauptaugenmerk auf den Grundtechniken im Handball (Prellen, Passen, Fangen, Werfen, und Abwehren im Spiel gegeneinander). Hier wird spielerisch in die späteren handballspezifischen Grundlagen eingeführt, wobei auch die generelle Bewegungserfahrung und die Ausprägung von koordinativen Fähigkeiten besondere Beachtung findet.

Die Übungen sind leicht verständlich durch Text und Übungsbild erklärt und können in jedes Training direkt integriert werden. Durch verschiedene Variationen können die Trainingseinheiten im Schwierigkeitsgrad an die jeweilige Trainingsgruppe angepasst werden. Sie sollen auch Ideen bieten, die Übungen zu modifizieren und weiterzuentwickeln, um das Training immer wieder neu und abwechslungsreich zu gestalten.

Passen und Fangen in der Bewegung - 60 Übungsformen für jedes Handballtraining

Passen und Fangen sind zwei Grundtechniken im Handball, die im Training permanent trainiert und verbessert werden müssen. Die vorliegenden 60 praktischen Übungen bieten viele Varianten, um das Passen und Fangen anspruchsvoll und abwechslungsreich zu trainieren. Ein besonderer Fokus liegt dabei darauf, die Sicherheit beim Passen und Fangen auch in der Bewegung mit hoher Dynamik zu verbessern. Deshalb werden die Übungen mit immer neuen Laufwegen und spielnahen Bewegungen gekoppelt.

Die Übungen sind leicht verständlich in Text und Übungsbild erklärt und können in jedes Training direkt integriert werden. Durch verschiedene Schwierigkeitsgrade und Komplexitätsstufen kann für jede Altersstufe das Passen und Fangen passend gestaltet werden.

Effektives Einwerfen der Torhüter - 60 Übungsformen für jedes Handballtraining

Das Einwerfen der Torhüter ist in nahezu jedem Training notwendiger Bestandteil. Die vorliegenden 60 Übungen zum Einwerfen bieten hier verschiedene Ideen, um das Einwerfen sowohl für Torhüter als auch für die Feldspieler anspruchsvoll und abwechslungsreich zu gestalten. Ein besonderer Fokus liegt dabei darauf, schon beim Einwerfen die Dynamik der Spieler zu verbessern.

Die Übungen sind leicht verständlich durch Text und Übungsbild erklärt und können in jedes Training direkt integriert werden. Ob gekoppelt mit koordinativen Zusatzübungen oder vorbereitend für Inhalte des Hauptteils, kann für jedes Training und durch verschiedene Schwierigkeitsstufen für jede Altersstufe das Einwerfen passend gestaltet werden.

Weitere Handball Fachbücher und eBooks finden Sie unter
www.handball-uebungen.de

Wettkampfspiele für das tägliche Handballtraining - 60 Übungsformen für jede Altersstufe

Handball lebt von schnellen und richtig getroffenen Entscheidungen in jeder Spielsituation. Dies kann im Training spielerisch und abwechslungsreich durch handballnahe Spiele trainiert werden. Die vorliegenden 60 Übungsformen sind in sieben Kategorien unterteilt und schulen die Spielfähigkeit.

Folgende Kategorie beinhaltet das Buch:
- Parteiball-Varianten
- Mannschaftsspiele auf verschiedene Ziele
- Fangspiele
- Sprint- und Staffelspiele
- Wurf- und Balltransportspiele
- Sportartübergreifende Spiele
- Komplexe Spielformen für das Abschlussspiel

Die Spiele sind leicht verständlich durch Text und Übungsbild erklärt und können in jedes Training direkt integriert werden. Durch verschiedene Schwierigkeitsstufen, zusätzliche Hinweise und Variationsmöglichkeiten, können sie für jede Altersstufe angepasst gestaltet werden.

Taschenbücher aus der Reihe Handball Praxis

Handball Praxis 1 - Handballspezifische Ausdauer (5 Trainingseinheiten)

Handball Praxis 2 - Grundbewegungen in der Abwehr (5 Trainingseinheiten)

Handball Praxis 3 - Erarbeiten von Auslösehandlungen und Weiterspielmöglichkeiten (5 Trainingseinheiten)

Handball Praxis 4 - Intensives Abwehrtraining im Handball (5 Trainingseinheiten)

Handball Praxis 5 - Abwehrsysteme erfolgreich überwinden (5 Trainingseinheiten)

Handball Praxis 6 - Grundlagentraining für E- und D- Jugendliche (5 Trainingseinheiten)

Handball Praxis 7 - Handballspezifisches Ausdauertraining im Stadion und in der Halle (5 Trainingseinheiten)

Handball Praxis 8 - Spielfähigkeit durch Training der Handlungsschnelligkeit (5 Trainingseinheiten)

Handball Praxis 9 - Grundlagentraining der Altersklasse 9 bis 12 Jahre (5 Trainingseinheiten)

Handball Praxis 10 - Moderner Tempohandball Schnelles Umschalten in die 1. und 2. Welle (5 Trainingseinheiten)

Handball Praxis Spezial 1 - Schritt für Schritt zur 3-2-1 Abwehr (6 Trainingseinheiten)

Handball Praxis Spezial 2 - Schritt für Schritt zum erfolgreichen Angriffskonzept gegen eine 6-0 Abwehr (6 Trainingseinheiten)

www.ingramcontent.com/pod-product-compliance
Lightning Source LLC
Chambersburg PA
CBHW042306150426
43197CB00001B/27